高校思想政治理论课建设研究

林群 童欣 朱存华 ◎ 著

北京燕山出版社
BEIJING YANSHAN PRESS

图书在版编目（CIP）数据

高校思想政治理论课建设研究 / 林群，童欣，朱存
华著. -- 北京 : 北京燕山出版社，2024. 7. -- ISBN
978-7-5402-7296-8

Ⅰ. G641

中国国家版本馆 CIP 数据核字第 2024BR4216 号

高校思想政治理论课建设研究

作　　者	林　群　童　欣　朱存华
责任编辑	李　涛
出版发行	北京燕山出版社有限公司
社　　址	北京市西城区椿树街道琉璃厂西街20号
电　　话	010–65240430
邮　　编	100052
印　　刷	北京四海锦诚印刷技术有限公司
开　　本	710mm×1000mm　1/16
字　　数	213千字
印　　张	13.25
版　　次	2025 年 3 月第 1 版
印　　次	2025 年 3 月第 1 次印刷
定　　价	72.00 元

作者简介

　　林群，籍贯福建莆田，赣南师范大学科技学院副教授，思想政治教育专业硕士研究生。主要从事思想政治教育基本理论、社会工作与思想政治教育两个方向的教学和研究。主持并参与数十项省级课题，在核心期刊发表多篇论文。

　　童欣，男，生于1975年1月9日，硕士研究生学历，职称讲师，研究方向为思想政治教育，获得的学术成绩有：①在《营销界》2019年第37期发表论文《市场营销渠道的冲突与管理》；②在《理财》2019年第8期发表论文《现代服务业营业税改征增值税试点意义及其配套措施》；③在《新营销》2019年第3期发表论文《个人所得税公平功能的实证分析》。

　　朱存华，出生于1988年4月，安徽舒城人，安徽师范大学马克思主义理论专业马克思主义中国化方向在读博士研究生，浙江金融职业学院讲师，研究生学历，毕业于安徽师范大学政治学理论专业，安徽师范大学法学硕士；从事思想政治教育工作，目前任浙江金融职业学院工商管理学院辅导员。主要研究方向为马克思主义中国化、思想政治教育。发表论文10余篇；主持校级课题3项；参与省级课题1项；曾指导学生参加浙江省2019年暑期社会实践并获得"百强团队"荣誉称号。

前　言

党的统一领导是加强思想政治理论课建设的根本，教师队伍建设是加强思想政治理论课建设的关键，改革创新是加强思想政治理论课建设的必由之路。加强高校思想政治理论课建设，必须加强高校党的领导，必须在高素质思想政治理论课教师队伍建设上下功夫，必须致力于思想政治理论课守正创新，为党育人，为国育才，为培养中国特色社会主义建设者和接班人提供重要保障。思想政治理论课作为高校里的公共课，是每个大学生的"必修课"，也是加强高校大学生思想教育的有效渠道。

本书是高校思想政治教育方向的书籍，主要研究高校思想政治理论课建设与创新发展，本书从高校思想政治理论课基础介绍入手，针对高校思想政治理论课的科学定位、教学特征及原则做了简要说明；从课程教学目标、教学环节及教学语言三个方面剖析了高校思想政治理论课的基本优化方案，并阐释了高校思想政治理论课的不同教学方法；着重对高校思想政治理论课"金课"的创新建设以及多元理念与高校思想政治理论课的融合进行了分析研究；对高校思想政治理论课的评价体系建设与师资培养提出了一些建议；对高校思想政治教育的应用创新有一定的借鉴意义。

本书参考了大量的相关文献资料，借鉴、引用了诸多专家学者和教师的研究成果，其主要来源已在参考文献中列出，如有个别遗漏，恳请作者谅解并及时和我们联系。本书写作时得到很多专家学者的支持和帮助，在此深表谢意。由于能力有限，时间仓促，虽极力丰富本书内容，力求著作的完美无瑕，虽经多次修改，仍难免有不妥与遗漏之处，恳请专家和读者指正。

目　录

第一章 高校思想政治理论课概述

第一节 高校思想政治理论课的科学定位

一、高校思想政治理论课的性质

高校思想政治理论课是我国社会主义国家制度巩固与发展的内在要求，是我国高等教育社会主义性质和办学方向的重要体现，是社会主义大学的本质特征之一。从学科性质来看，它归属于马克思主义理论一级学科，虽然内容涉及哲学、历史、政治、经济、伦理、法律、心理等多个学科领域的知识，但其核心内容及任务是思想政治教育；从地位和功能来看，不同于其他学科课程的教育教学，它具有鲜明的政治性、思想性、理论性和导向性，是高等学校对大学生进行思想政治教育的主渠道，是由国家统一设置和实施的所有大学生必修的公共基础课程。

二、高校思想政治理论课的地位

高校思想政治理论课的地位是由其性质所决定的，体现为它在整个高等教育和社会生活中的位置和作用。具体来说，主要有以下三个方面：

（一）高校思想政治理论课是大学生思想政治教育的主渠道

我国高等学校对大学生的思想政治教育贯穿于学校教育教学的各个环节，体现为全员育人、全过程育人和全方位育人。就其教育渠道或途径、形式来说，主要包括思想政治理论课教学，学生日常教育、管理，形势政策教育，心理健康教育与咨询，党、团组织工作，辅导员、班主任工作，校园文化和社会实践活动，通过网络和各门课程教学工作开展思想政治教育，等等。而这里所谓的"主渠道"，是指思想政治理论课作为国家统一设置和实施的所有大学生必修的专门性和直接性的思想政治教育课程，在诸多思想政治教育渠道或途径、形式中起着引导性的作用。

一方面，加强和改进大学生思想政治教育工作的主要任务决定了思想政治理论课的主渠道地位。大学生是十分宝贵的人才资源，是民族的希望，是祖国的未来。加强和改进大学生思想政治教育，提高他们的思想政治素质，把他们培养成中国特色社会主义事业的建设者和接班人，对全面实施科教兴国和人才强国战略，确保我国在激烈的国际竞争中始终立于不败之地，确保实现全面建成小康社会、加快推进社会主义现代化的宏伟目标，确保中国特色社会主义事业兴旺发达、后继有人，具有重大而深远的战略意义。加强和改进大学生思想政治教育的主要任务，就是坚持以马克思主义和中国特色社会主义理论体系为指导，全面落实党的教育方针，紧密结合中国特色社会主义现代化建设的实际，系统地向大学生灌输马克思主义科学理论，进行正确的世界观、人生观、价值观、道德观和法治观教育，努力提高思想政治教育的针对性、实效性和吸引力、感染力。高校思想政治理论课的目标和内容正是适应了上述任务和要求。同时，在高等学校各种教育活动中，课堂教学活动是最基本、最核心、最稳定的教育环节。它集中反映了人类文明的思维成果，是人类认识世界、改造世界智慧的结晶，具有强大的理性的感召力和影响力，对人的素质的形成与发展起着奠基作用。思想政治理论课是直接为培养和提高学生的思想政治素质而设计的课程，作为理论化、系统化、科学化程度最高的"马克思主义理论"学科课程形态之一，它概括和浓缩了我国社会主义社会所积累和倡导的思想政治观念、道德规范、价值观念和行为模式，充分体现了马克思主义的基本原理及其中国化的最新成果，反映了社会主义教育的主导性要求，因而理应成为高校对大学生开展思想政治教育的主渠道和核心课程。

另一方面，高校思想政治理论课的不断建设与改革使得它能够胜任大学生思想政治教育主渠道的重任。中华人民共和国成立以来，高校思想政治理论课从初步确立到调整、巩固，再到改革、发展，其间虽然经历了一段曲折的历程，但其课程设置和教学内容仍然适应了当时形势和中心任务的需要；面对新的变化和新的情况，思想政治理论课虽然存在不尽适应和亟待解决的问题，但其主流和趋势仍是不断得到改进和加强。改革开放以后，高校思想政治理论课建设与改革进一步深化，课程设置和内容体系不断调整、完善，中国特色社会主义理论体系进教材、进课堂、进学生头脑工作不断深入，马克思主义理论学科建设扎实推进，课程建设和教材建设取得成效，教学方式方法逐步改进，教师队伍建设得到加强。高校思想政治理论课在引导大学生坚定对马克思主义的信仰和对中国特色社会主义的信念、对改革开放和现代化建设的信心、对党和政府的信任等方面，发挥了重要和积极的作用。

（二）高校思想政治理论课是高等学校素质教育的灵魂所在

人的素质是由各种素质要素所构成的有机整体，可概括为思想政治素质、科学文化素质、专业能力素质、身体素质、心理素质、审美素质等。其中，身体素质和心理素质是人的素质的物质载体，科学文化素质和专业能力素质是人的素质的基本内容，思想政治素质是人的素质的灵魂所在，审美素质是人的素质的综合体现。

强调对青年学生进行思想政治理论教育，提高他们的思想政治素质，并把它喻为"灵魂"和"关键"，是党和国家一以贯之的思想。党和国家关于提高学生思想政治素质的指示精神，是高校深入开展思想政治理论课教育教学的重要指针。

教育是培养人和造就人的社会活动。坚持德智体美劳全面发展，培养中国特色社会主义事业的合格建设者和可靠接班人，是社会主义教育的最终目的，也是与社会主义前途和命运息息相关的重大教育命题。高等学校是培养高素质人才的摇篮，也是全面推进素质教育的重要基地。我国高等教育肩负着培养德智体美全面发展的社会主义事业建设者和接班人的重大任务，必须坚持正确政治方向。高校立身之本在于立德树人。办好我们的高校，必须坚持以马克思主义为指导，全面贯彻党的教育方针。要坚持不懈地传播马克思主义科学理论，抓好马克思主义理论教育，为学生一生的成长奠定科学的思想基础。要坚持不懈培育和弘扬社会主义核心价值观，引导广大师生做社会主义核心价值观的坚定信仰者、积极传播者、模范践行者。因此，"培养什么人""怎样培养人"和"为谁培养人"等问题，是素质教育的核心问题，也是一切教育工作的出发点和落脚点。思想政治理论课作为对大学生进行思想政治教育的主阵地、主课堂、主渠道，承担的正是这一使命和重任。如果这方面的教育搞不好，其他方面的教育就会偏离正确的方向，就会失去前进的动力。只有摆正思想政治理论课在素质教育中的地位，充分发挥思想政治理论课在素质教育中的灵魂作用，才能真正回答高校立德树人的根本问题，从而保证我国高等教育的社会主义方向，为中国特色社会主义事业培养德智体美劳全面发展的高素质人才。

（三）高校思想政治理论课是我国社会主义精神文明建设的重要环节

要建设的社会主义国家，不但要有高度的物质文明，而且要有高度的精神文明。所谓精神文明，不但是指教育、科学、文化（这完全是必要的），而且是指共产主义的思想、理想、信念、道德、纪律，革命的立场和原则，人与人的同志式关系，等等。高校思想政治理论课在社会主义精神文明建设中处于基础性地位，是我国社会主义精神文明建设的重要环节。

1. 思想政治理论课与社会主义精神文明建设的目标相一致

改革开放以来，党和国家十分强调物质文明和精神文明一起抓的战略方针，并多次在党的重要会议上做出关于社会主义精神文明建设的重大决定。

要深入开展社会主义核心价值体系学习教育，用社会主义核心价值体系引领社会思潮、凝聚社会共识。倡导富强、民主、文明、和谐，倡导自由、平等、公正、法治，倡导爱国、敬业、诚信、友善，积极培育和践行社会主义核心价值观。社会主义核心价值观是当代中国精神的集中体现，凝结着全体人民共同的价值追求。要以培养担当民族复兴大任的时代新人为着眼点，强化教育引导、实践养成、制度保障，发挥社会主义核心价值观对国民教育、精神文明创建、精神文化产品创作生产传播的引领作用，把社会主义核心价值观融入社会发展各方面，转化为人们的情感认同和行为习惯。高校思想政治理论课的指导思想和根本任务决定了它与社会主义精神文明建设的实质是一致的，是社会主义精神文明建设的重要途径和有机组成部分。中华人民共和国成立以来，尤其是改革开放以来，高校思想政治理论课始终体现和贯彻了社会主义精神文明建设的要求，坚持以马克思主义为指导，以培养"四有"新人、促进大学生全面发展为目标，引导学生树立崇高的理想信念，树立科学的世界观、人生观和价值观，对提高全民族的思想道德素质和形成良好的社会道德风尚，发挥了重要的积极作用。

2. 思想政治理论课与社会主义精神文明建设的内容相协调

精神文明建设，包括思想道德建设和教育科学文化建设两个方面，渗透在整个物质文明建设之中，体现在经济、政治、文化、社会、生态文明的各个方面。教育科学文化建设所要解决的是整个民族的科学文化素质和现代化建设的智力支持问题。教育发达、科学昌明、文化繁荣既是物质文明建设的重要条件，也是提高整个中华民族思想道德水平和科学文化素质的基础。思想道德建设要解决的是整个民族的精神支柱和精神动力问题，因而是精神文明建设的灵魂，决定着精神文明建设的性质和方向，是精神文明建设的根本，对社会的政治经济发展有巨大的能动作用。任何社会稳定的国家，在通常情况下就是因为这个国家中的公民在思想道德方面有着较多的共同点。因此，世界各国都要通过各种各样的途径和方式，对公民进行思想道德的教育和培养，使人们形成大致相同的国家观、民族观、世界观或价值观，以期达到国家的稳定和繁荣发展。社会主义思想道德建设的基本任务是：坚持爱国主义、集体主义、社会主义教育，加强社会公德、职业道德、家庭美德和个人品德建设，引导人们树立中国特色社会主义的共同理想和正确的世界观、人生观、价值观。思想道德建设的基本内容可以归纳为理想建设、道德建设和纪律建设三个方面。其中，理想建设是思想道德建设的核心，道德建设是思想道德建设的主体内容，纪律建设是思想道德建设的保证。高校思想政治理论课的内容集中反映了社会主义精神文明建设的核心特征。它涵盖了政治、经济、历史、伦理、法律等学科的主要内容，具有完整的教育教学体系，是对大学生进行思想政治教育的主渠道。它以理想信念教育为核心，深入进行马克思主义理论教育、社会主义核心价值观教育；以爱国主义教育为重点，深入进行弘扬和培育民族精神教育；以基本道德规范为基础，深入进行公民道德教育；以大学生全面发展为目标，深入进行民主法治教育、集体主义和团结合作精神教育，以及人文素质和科学精神教育。由此可见，高校思想政治理论课的内容，完全与社会主义精神文明建设的任务和内容相协调。

3. 思想政治理论课与社会主义精神文明建设的重点相吻合

社会主义精神文明建设的根本任务是培养有理想、有道德、有文化、有纪律的社会主义公民，提高整个中华民族的思想道德素质和科学文化素质。其对象是全体公民，但重点是青年学生。这是因为：一方面，青年学生是民族的希望、国家的未来。他们的思想道德素质如何，直接关系到中华民族的整体素质，关系到国家兴亡的前途和命运。面对国际国内形势的深刻变化，面对新的历史任务，面对中华民族的伟大复兴，我们一代一代人需要不懈努力，培养和造就千千万万具有高尚思想品质和良好道德修养的合格建设者和接班人。为此，要帮助青年学生树立远大理想，培育优良品德。各级各类学校都要全面贯彻党的教育方针，坚持社会主义办学方向，加强德育工作，努力培养德智体美劳等方面全面发展的社会主义建设者和接班人。另一方面，青年时期是一个特定的人生阶段。他们的身心发育、思想品德和价值观念正处于形成发展的过程之中，具有较大的可塑性，是进行思想道德建设的最佳时期。引导和帮助他们树立崇高的理想信念和正确的世界观、人生观、价值观，对他们今后的健康成长有着积极、明显的促进作用。与此同时，随着我国改革开放的不断深入和科学技术的迅速发展，国际敌对势力与我国争夺下一代的斗争更加尖锐复杂，西方文化思潮、价值观念及某些腐朽没落的生活方式对青年学生的影响和冲击不可低估，社会上一些不良因素不可避免地反映到青年学生的思想道德建设领域，危害着青年学生的身心健康。在这种情况下，加强青年思想道德建设就显得更加重要和紧迫。而思想政治理论课正是以青年学生为教育对象，以培养"四有"新人为根本目标，把大学生思想道德建设作为一项重大的战略任务和神圣使命。

三、高校思想政治理论课的任务

高校思想政治理论课的任务，即高校思想政治理论课所应担负的工作和责任。这是由它的性质、地位和功能所决定的。

要教育引导学生正确认识世界和中国发展大势，从我们党探索中国特色社会主义历史发展和伟大实践中，认识和把握人类社会发展的历史必然性，认识和把握中国特色社会主义的历史必然性，不断树立为共产主义远大理想和中国特色社会主义共同理想而奋斗的信念和信心；正确认识中国特色和国际比较，全面客观认识当代中国、看待外部世界；正确认识时代责任和历史使命，用中国梦激扬青春梦，为学生点亮理想的灯、照亮前行的路，激励学生自觉把个人的理想追求融入国家和民族的事业中，勇做走在时代前列的奋进者、开拓者；正确认识远大抱负和实干精神，珍惜韶华，把远大抱负落实到实际行动中，让勤奋学习成为青春飞扬的动力，让增长本领成为青春搏击的能量。这是新的历史条件下对高校思想政治理论课教育教学提出的要求与任务。

不同时期高校思想政治理论课的目标和任务分析起来，不外乎两个"服务于"，即服务于大学生的健康成长，服务于党和国家的中心工作。这一目标和任务同样体现了思想政治理论课的定位，由此也确立了思想政治理论课的内容，并为思想政治理论课程建设指明了方向。

第二节　新时期高校思想政治理论课教学的特征及原则

一、新时期思想政治理论教育的特征

（一）导向指引下的整体性与教育教学的层次性统一

导向指引主要是针对两方面而言：一是对大学生的个人发展和如何在社会实践中发挥自身作用起到导向指引作用，包括引导学生的思想观念、精神境界朝着全面发展的方向提升，增强学生的精神力量；二是为教学实践活动提供一个客观

的标准，对思想政治教育教学的改革发展方向起到指引作用，促进教学理论的创新与发展。导向指引既是促进社会和个人全面发展的要求，也是马克思主义理论与时俱进和教育多样化发展的需要。

思想政治教育是一门系统性的课程，可将各种性质类型的教育教学因素整合到教学过程中，并能引导学生把感性认识或零星观点转化成一个整体的思想政治素质。其教学最重要的一点就是要使学生对马克思主义理论的价值立场、观点等的认识转化为信念，因此，在教学过程中一定要重视对整体性的把握，而对思想政治教育教学的构建理应体现整体性这一特征。

思想政治教学是一种思维形成的过程，是由不同的要素、层次构成的一个整体结构，其变化发展集中体现了辩证逻辑整体的运动过程。在过程中不同的要素、层次之间，整体与层次、要素之间，整体与外部事物之间都有着各种联系。思想政治教育教学作为一个学科体系的重要组成部分，必然要求通过思维形式系统反映其包含的各种联系，使教育者和受教育者从中获益。思想政治教育教学体系从本质上揭示了个体以及范畴之间的运动轨迹和规律。因此，我们不能孤立地研究其具体内容，要从系统到要素、从整体到局部、从全体到单一进行研究。

这一教学既然是一个教育教学的整体系统，其间必然具有教育教学的局部层次，体现了思想政治教育教学的层次性。思想政治教育教学体系的划分是依据逻辑思维的组织、推演及运行规律展开的，进而形成了由起点、中心、中项、成效和终点等范畴构成的，具有逻辑性和科学性且合理有序的范畴体系。高校思想政治教育教学是围绕中心范畴，然后从起点范畴开始，经过中项范畴、成效范畴最后到达终点范畴的动态运动和发展变化的过程。这个过程动态简洁地揭示了高校思想政治教育教学体系中不同要素和层次之间的内在联系，以及运动变化的本质规律。思想政治教育教学的整体属性决定了其不能孤立地存在，只有体系完整、各要素层次分明、合理有序地联系在一起，才能科学地反映思想政治教育教学的本质规律。正是由于高校思想政治教育教学的整体性特征，其结构与层次之间彼此关联、相互作用。一是系统与要素环节具有稳定的关联性，即其范畴体系中的各个具体范畴均有固定的位置和作用等；二是层次与层次之间具有关联性，即指这一教学内容的每一逻辑层次之间都是彼此相连的，具有逻辑规律的关系。正是由于这种系统与要素、层次与层次之间的关联性，这一教学体系的结构才得以成形，并具有稳定性。关系是结构得以存在的前提，也是构成系统的基础，而只有系统的要素间得以稳定才能形成彼此之间稳定的关系，任何事物的整体性质都是每一部分之间相互依存又相互制约的关系来体现的。

在思想政治教育教学体系中整体与任一层次，层次与层次之间都有着相互制约与依存的关系。思想政治教育教学不仅具有导向指引下的整体性特征，而且还具有教育教学过程中的层次性特征，并且能够把这一系列的动态联结为合理有序、层次结构分明的有机统一整体，从而构成体系。综上，思想政治教育教学具有导向指引下的整体性和教育教学的层次性的特征。

（二）绝对的科学性与相对的利益性相统一

思想政治教育教学的科学性在于其所概括和反映的内容，思想政治教育教学通过教学实践活动使学生形成社会所需要的思想政治道德，培养学生全面发展的综合能力。马克思指出，在无产阶级社会中，要让社会成员的能力得到充分发挥，而思想政治教育就是遵循这一观念展开教学活动的，以期通过教学将学生的观念得到最大化的提升。此外，思想政治教育教学的科学性还体现在其自身具有的客观实在性和规律性中。

客观性和科学性构成了思想政治教育教学内容的基本特点。任何历史时期和任一体制下的教育，基本客观地反映了其内在的本质和固有的规律。它的科学性是绝对的，这一教学实践在一定的具体条件下具有相对不变性，保持了其相对稳定性。辩证唯物主义强调的是要承认真理的客观性和绝对性，且真理是正确揭露客观事物的本质和规律的，因此，承认这一教学的客观性就是承认了它具有绝对性。而思想政治教育的利益性是指根源于其本身具有的阶级性，其具体实现目标和服务的对象是由统治阶级的阶级性质和立场决定的。

一是思想政治教育教学在这门课程教学实践的基础上，既包括对原有教学内容的修正，也包括在现有教学内容的基础上更新内容。任何事物的产生都摆脱不了现实的因素，范畴也不例外，这一理论体系的构建会被当时的实践所影响，其结构体系是对当前教学实践的总结、归纳和抽象，它的建构被许多条件限制，不能对未来的教学实践进行完全准确的判断，故当前的范畴反映的内容是相对的，并不是绝对的。

二是正如辩证唯物主义观点强调的那样，事物在实践中是矛盾的状态，是不断变化发展的，会呈现相互对立、相互依存的状态，并能够辩证转化，此时对立、彼时统一，这就是事物的过渡性和相对性特征。而思想政治教育教学的相对性，就是对其教学实践中的基本矛盾运动及转化的反映。因此，思想政治理论课教学之间是能够辩证转化的，具有相对性。

二、新时期高校思想政治理论课的教学原则

当代大学生成长在我国改革开放、社会高速发展时期，越来越多的新鲜事物和各种思想对当代大学生有着直接的影响。当代大学生通过多种渠道接触到了许多外国文化和影视作品，这也使当代大学生的思维向多样化、个性化发展。

（一）知行统一

思想政治教育教学绝对不是学习文件、学习材料，也不是从各个有关学科拼凑起来的知识的集合，它应当有一个自己的学科体系。知行统一原则就是思想政治教育教学所要追求的最终目标。知行统一就是理论与实际相结合，思想政治教育的教学重点就是使学生的思想和行为在实践中达到一致。理论对实践有指导作用，实践是检验理论正确与否的唯一标准，马克思主义的认识论中明确要求我们要用理论联系实际的方法去认识客观事物，这既是对客观事物进行正确认识的原则，也是构建任何教学建构都需要遵循的原则。

行动是获得知识的动力，思想政治教育教学作为指导教学实践行动最基本的理论指南，首先必须是正确的科学的知识，进而又能指导教学行动的正确方向。思想政治教育教学与学生的思想行为密切相关，是培养学生思想道德素质，使学生更好地认识社会主义核心价值观，形成社会所认同的思想政治观念，并用以指导实践，即教学就是转变或提升学生思想的过程。这一过程只有通过学生认知上的转变和提升才能实现，只有让学生在对正确的思想观念进行了解、学习的基础上，还坚信这一观念的真理性，并用以实践，形成知行统一，才能说达到了教学

目的，知而不行，那"知"就失去意义了。而对思想政治教育教学来说，这样的教学就是失败的。"知"是前提，而"行"是目的，知行统一才能达到用正确的理论指导实践的目的。因此，遵循知行统一原则有助于思想政治教育教学实效性的提高与目标的实现。在研究思想政治教育教学时，遵循这一原则可以在研究过程中避免教学中教条化、公式化的倾向，坚持这一原则是正确建构合理教学体系的保障，进而使其教学范畴有助于解决"知与不知、行与不行"的矛盾，而这样才是科学的教学范畴。在思想政治教育教学中，要使学生对基本理论的形成、发展的过程有基本的了解。因此，要通过对理论产生的背景进行阐述，从而引领学生感受理论的形成、发展的过程。有了这样一个感同身受的接受过程，才能在获得知识之后有一个与"知"相一致的"行"，思想政治教育教学的构建也必须遵循这一知行统一的原则。

（二）坚持把好方向

新时代大学生的思想受社会关系和社会环境的影响程度不容小觑，尤其是在自媒体环境下，各种网络信息围绕在大学生周围且快速传播，而其中不良的信息影响着他们正确价值观的形成，这就需要我们在发现问题时及时做好学生的思想政治教育工作。

1.加强政治认同教育

大学生作为现当代文化素质较高、政治素质较高的群体，是祖国未来的希望和接班人，他们对现存的政治体系认同不仅关系到自身素质的培养与完善，也关系到整个社会的和谐稳定。现阶段，大学生政治认同最重要、最核心的一点是对中国特色社会主义道路、理论和制度的认同，当前整体状况是积极良性的。但由于大学生思维活跃，政治敏锐性较强，在入学、就业、自身权利保障和家庭利益诉求等方面可能会对现状不满意，出现政治认同危机。中国社会整体进入了信息化阶段，已逐步形成多元思想文化碰撞的格局，生活在当下信息泛滥的环境中，各种没有经过过滤和甄别的信息充斥于学生的现实生活中，由于大学生对政治价值和政治规范的认知尚且不足，因而不良信息会对他们的政治认同与信仰产生影响。针对这种情况，如果对大学生缺乏准确及时的教育引导，定会造成很大的损失。

所以，高校教育工作必须结合当前国际、国内的实际情况与时俱进，关注大学生在新形势下所处的校内外环境和所接触人际关系的变化，更准确地把握影响大学生政治认同的关键要素，创新地运用教育载体，构建与大学生身心实际相适应的思想政治教育新模式。只有把握大学生的成长规律，真正了解大学生的所思所想，找到他们容易接受的教育方式方法，才能引导他们形成政治认同，把思想政治教育做到实处，并行之有效。

2. 提升思想认同意识

一种思想、理论被群众认可就可能产生巨大的力量，从而转化为人们的思想观念，对人们的行为产生实质性的影响。思想认同是植根于人们的头脑之中的，是建立在对习近平新时代中国特色社会主义思想的理性认知和准确把握基础之上的彻底认同。但新时代下的大学生价值观多样多元，受复杂环境的影响，他们的价值观念和思想行为会受到不同程度的影响。因此，用新思想武装大学生，开展有效的思想认同教育，提升新思想的号召力、说服力、亲和力和覆盖面，将成为解决这一时代课题的重要一环。

高校思想政治理论课教师作为大学生成长路上的导向者，是党的相关理论的传播者，应以身示范，从学生接受教育的源头上，做好深切感悟新思想的丰富内涵，科学把握其理论渊源与实践基础、历史地位与指导意义，激发学生对它的认同感，并在此基础上，教育大学生产生思想认同，自觉规范政治行为。由于当前新媒体传播速度快，广大青年学生获取信息的渠道多，且大学生在思维方式、价值判断和生活习惯等诸多方面呈现出自身的特点，因而高校教师应切忌照本宣科，讲一些假大空的套话，要善于运用贴近实际、贴近生活、贴近学生的实例感染学生，加强学生对新思想的认同感。同时，也可以灵活运用新媒体技术，改进教育教学的方式手段，引导学生主动学习和接受新思想并产生亲近感，由对知识的认知向内心价值的认同转变。

3.促进情感认同和融入

帮助大学生健康成长及为国家培养可靠的社会主义事业接班人是高校教育的职责所在。但在实际的教育实践过程中，由于思想政治理论课与其他课程教育不同，它本身无法像其他课程一样进行客观尺度的量化评定，社会对其衡量度还不深入完善，因而学生自己也不够重视。而我们又不能光靠对抽象理论的空洞说教和僵硬的制度约束改变这一现象，因为对大学生进行思想政治教育是一个需要注入情感的过程，一旦获得情感认同，就能根据思想政治教育的要求规范、约束其思想和行为。

因此，加强情感认同的整合，充分调动学生的积极情感因素，通过"情感"搭建大学生和高校教师之间的桥梁是明智之举。可以触动学生内心深处最朴素、最柔软的地方，使其增强对教育内容和方式的认同度，激发同理心，必要时还可"投其所好"，让学生自觉自发地认同马克思关于未来世界的美好设想，以及我们党的路线、方针、政策。因此，高校思想政治教育不应是共性地强制灌输和考核，应遵从学生个性化的成长规律，充分考虑每个学生的道德认知和情感需求，努力实现在心理情感方面与之产生共鸣，使学生听之可信、信之能行、行之有效。

（三）求实原则

1.思想政治教育必须与利益引导相结合

从利益导向上看，社会中一切人的关系都是利益关系，社会矛盾之所以会产生，就是因为在利益上存在差异或者利益是对立的。要想将人心凝聚起来，让矛盾得到协调，从而形成强大合力，就必须坚持正确的利益导向。利益导向正确，社会不同阶层和群体就会从根本上协调一致，能够共同行动和增强社会合力。在我国，国家、集体和个人的利益从根本上就是一致的。我们进行思想政治教育的主要任务，就是引导人们认清这种一致性，为共同利益而奋斗，并且在奋斗的过程中实现自我价值。毋庸置疑，个人、集体与国家的利益是不可分割的。在三者统一的关系中承认和尊重个人利益，是马克思主义的观点，也是思想政治教育工作求实原则的要求。

2. 思想政治教育工作要有求真务实的作风

求真务实是党的优良作风的集中体现，也是思想政治教育工作必须坚持的。思想政治教育工作者必须养成求真务实的作风，把求真务实、言行一致作为自己思想和行为的重要准则。要做到求真务实就要不唯上、不唯书、实话实说、实事实办、少搞形式、不尚空谈；要爱岗敬业，把工作当事业干、当学问钻，既练"唱功"又练"做功"，勇于探索、创新；就是以身作则，率先垂范，要求别人的自己首先做到，以自身的模范作用教育群众、引导群众、激励群众。

（四）注重贴近实际

思想政治教育的重点是做人的工作。受家庭、学校和社会等各方面因素的影响，新时代背景下大学生的成长发展呈现出崭新的特点，这就要求教育者在教育过程中不能千篇一律，毫无生气，而应切实遵循大学生的成长规律，时刻关注学生的思想实际和身心特点，注重人性关怀，了解学生的成长需要，并让学生在思想政治教育中有所进步，增强受教获得感。

1. 关注学生的身心特点

人的个性是独立的个体在社会实践生活中形成的区别于他人的特质，新时代大学生的显著个性主要表现为精力旺盛、个性鲜明、思维观念多样且多变。这就要求我们在教育过程中应当尊重大学生的成长规律，把握他们的思想实际和身心特点，拒绝千篇一律，做到因人而异、因材施教，理解和尊重学生的个性差异，包容地看待存在特殊情况的个体，针对不同主体的不同情形对大学生进行有区别、有分类的教育，为大学生个性的充分自由发展提供空间，运用学生喜欢的合理方式进行教育，让他们真切地感受到被尊重，进而培育健康、积极的人格。譬如学校可以借助多种网络新途径整合线上线下的相关教育资源，运用各式各样的、契合学生思想实际的形式，以激发青年学生强烈的思想共鸣，使其自主地将所学内容内化为价值观念，外化为切实行动，提升教育效果。

2. 服务学生的成长需要

大学时期处于学习知识、寻求真理的阶段，不能只满足于书本知识，还要通过挖掘自身潜能和提高素质来满足社会发展的需要，才能更好地实现自己的人生价值。所以，新时代大学生的生理和心理更加成熟，主体意识逐渐增强，主体需要的层次也在逐渐提高。因此，教师要紧抓课上课下时间，尤其是课下时间，多与学生接触，了解和掌握他们的个性特点，格外关注他们的成长发展需求和心理感受，并在合适的教学场合中通过各种有效的形式激活教育对象的内在动力，因势利导地增强大学生的综合能力，使学生在满足时代发展要求和社会进步需要的同时得到良性发展。

3. 增强学生的受教获得感

受教获得感，是指学生在接受思想政治理论教育后产生的一种能够满足他们现实或潜在的，且能长久维持下去的满足感和成就感，是一种对自身受教育的精神状态、主观体验和情感反应的表达。就传统教学模式而言，我们在教学中往往将关注的重点放在教师讲了什么上，而忽略了学生的获得感，这就让教育有种"本末倒置"的意味了。具体表现为：许多高校的教学内容与中学政治课上有很多重复，学生觉得没有新思想；宏大权威的理论叙述和千篇一律的共性化教学素材，使得思想政治理论课少了些生动活泼，变得枯燥乏味；教师教学死板，授课自说自唱、自娱自乐的现象普遍，忽视了学生的参与和体验，容易让学生无法找到兴趣点。因此，在进行教育实践的过程中，思想政治教育工作者应始终遵循大学生的成长规律，了解学生的真实需求并关注学生的情感体验，增强理论课程的导向性，以亲和的方式感召和吸引大学生，从而让学生在经过思想政治教育熏陶后能够有满满的体验与感悟，获得感倍增，这也是高校提升思想政治理论课教学评价和质量的精神准则与价值追求。

（五）人本原则

1.人本原则的内涵

人本原则，顾名思义就是以人为本的原则。"人本"这个概念在中华优秀传统文化中由来已久。在高校思想政治教育中坚持人本原则，实质上就是坚持以人为本的教育理念，将教育者与受教育者都放在主体的地位，将马克思主义的基本观点运用到日常教学工作中，实现教学资源、综合管理、思想指导三者的有机结合，帮助高校青年学子树立正确的价值观、开阔的世界观、积极的人生观，为今后个人的发展与国家的前进打下良好的基础。

2.坚持人本原则的必要性

坚持人本原则就是坚持贴近主体之一的受教育者群体。大量具有重复性的精准社会调查均证明，现如今，我国青年学生的政治素养和思想教育水平总体来说较为良好。他们在日常生活和学习中思想活跃、拥护中国共产党、热爱祖国，并在社会和学校的双重影响下成长为对中国道路、理论、制度、文化等方面充满自信的社会中坚力量，并且坚信社会主义现代化伟大蓝图和中华民族伟大复兴的壮阔目标能够实现。可是，在不同文化和思想的影响下，我国部分大学生思想同样也受到了影响。作为思想政治教育理论传播载体的高校如果不能够深刻认识到贴近青年学生，彻底了解他们的思想变动历程的重要性，那就只能被认为是在进行"灌输式"的填鸭教育。高校思想政治教育工作者理应深入学生群体，想学生所想、急学生所急，切身感受学生的思想需求，更进一步地与学生沟通交流，运用全新的教育教学方法了解青年群体的思想症结、心理诉求，将自己置身于青年学子的群体中，才能在生活和学习中与他们进行更好的交流和沟通，做到教育双方的相互理解和支持。

3.坚持人本原则的途径

（1）实现教育者与受教育者双主体地位的业内共识

首先，尊重教育者的主体地位。教师在教学中扮演着举足轻重的角色，虽然在大学阶段众多学生已经在生理上成年，他们朝气蓬勃、勇敢上进，但他们也是一个意志力较为薄弱的群体，世界观、人生观、价值观还未完全形成完整。如果没有教师正确和合理的引导学生很容易在思想上产生偏差，进而对个人甚至学校和社会产生严重的负面影响。高校思想政治教育就是要发挥教师的引导作用，充分了解学生的成长环境及人生经历，尊重其个体的独立与个性，将理论方法逐步以学生所能接受的方式转化为德育。其次，要尊重学生作为主体之一所产生的不可忽略的作用。思想政治教育工作者必须让学生意识到自己的主体作用，使其产生强烈的主体意识，在日常学习和生活的交流中逐步培养起学生的自觉学习态度，真正做到心中有律、行动有规。只有在业内达成教育者与被教育者双主体地位的共识，才可以让思想教育理论不断得到创新与发展，加强思想政治教育在现实生活中的实践作用。

（2）关注学生的内在需要

现在的大学生普遍年龄在18~24岁，他们的表现欲、自尊心和求知欲都非常强，有自己的人生目标和规划。他们思维活跃、眼界开阔、易于接受新生事物、创造性强，具有比较独立的主体分析判断能力。同时，他们自我意识强，在政治信仰、知识获取、择业就业、恋爱交友等方面有较强的自主性，并且有了自己的人生追求，对自我的全面发展有很多主观需要。思想政治教育如果不抓住学生的需求，那么学生就容易受到不良社会习气的感染，会形成错误的价值观判断和理想信仰，导致思想政治教育达不到理想的效果。所以，在进行思想政治教育时，需要对学生的内在需求加以关注，要与实际、生活及学生更加贴近，对学生的所思所想有一定的了解，并以学生的内在需求为依据，设计及开展思想政治教育活动，让学生能够自觉地接受思想政治教育，满足自身发展需要的同时，提升自身的思想政治素养，这才是学生自己所需要的真正的人性化教育。

当代大学生受网络媒体、新闻广播、微信、微博等外界信息的影响，思想观念极易受到错误思想观念的影响，教育者如若不能及时关注和掌握学生的思想动态，解决学生热切关注的问题，那么其提出的与学生有关的意见和建议就很难具有针对性，学生就容易对思想政治教育产生厌烦心理和不信任感。要实现思想政治教育中的以人为本就应该站在学生需求的角度思考问题，深入学生，和学生进行交流，掌握学生的需求。例如在思想政治理论教育课程结束后，学生可以对本次课程进行客观、合理的评价和总结，然后教师根据学生提出的意见和建议有针对性地进行调整和改进。这样既可以使学生发挥主动性积极思考、认可和接受所学知识，也能促使教师不断地对教学进行完善，将以学生为本的教育理念体现出来，让思想政治教育的实效性得到增强。

（3）坚持科技背景与教育方法创新的完美融合

思想政治教育作为教育体系中极为重要的一环同样也需要跟上时代潮流，利用科学技术是教学方法的创新与发展。先进的教育必须更注重培养能力，但是能力必须与自身知识体系结合在一起才能发挥更大效用。所以，只有努力做到知识与能力的结合，才能在科技时代实现科技与教育的创新发展。由此可以看出，教育者一定要将自己置身于科技发展水平不断推进的历史发展进程中，做到因势而新，同时，正确认识我国的发展现状，并与国际接轨，不断提升自身教育教学的质量与水平。在教育手段上的创新往往体现着一个学校对思想政治教育的重视程度，不断开展课外实践活动，如田野调查或红色之旅等方式，是让一部分"五谷不分，四体不勤"的青年学生体验近代中国生活最直接的方式，也是历史与现代的一次跨时空连接。还有线上慕课等大量利用网络平台衍生出的全新的教育教学方法，不仅创新了思想政治教育的传播模式，也合理优化了对被教育者的考查结构。基于此，各大高校更应该积极合理地利用网络平台，对大学生进行多方引导，合理上网、文明上网，全面提高网络时代高校学子的整体素质。

（六）心理相容原则

1.心理相容原则的内涵

（1）心理相容原则的含义

心理相容是一种群体特性，是指群体中各成员之间由于理想、信念、观点一致而形成的一种融洽的心理交往状态，是良好人际关系在人们心理上的反映。每个人都是独立的个体，由于所处社会环境不同、社会经历各异，以及认知水平参差不齐等，个体之间存在一定的差异，主要表现在能力、思维、兴趣爱好、性格和气质等方面。在实际生活中，个体之间又有着相互联系、相互依存的关系，只有承认自身与他人的差异，做到相互理解、相互包容、相互信任和相互支持，个体之间的关系才能呈现良好的发展趋势，社会也才能和谐发展。心理相容是实现个体之间"你中有我，我中有你"融洽关系的前提和保证。单独的个体只有在充满信任、理解、包容和情感交流的心理环境中，才能激发其主观能动性，使其更具活力、创造性、创新性，更能以乐观健康的心态面对生活、学习及工作，实现自身价值。个体之间只有心理相容，才能创造积极的心理环境，从而将个体的力量凝聚在一起，集中力量实现集体的奋斗目标。

（2）思想政治教育中的心理相容原则

思想政治教育中的心理相容指的是教育主体与教育客体之间不存在心理屏障，认可彼此的个人能力，接受和尊重彼此的思想观念，理解和支持彼此的个性特征，形成心理和谐一致、情感相融相通的心理状态。思想政治教育要想取得良好的成效，其基本保证和前提条件就是教育者与受教育者之间要心理相容。假如教育者与受教育者之间可以相互信任与理解、包容与支持，那么教育者就能充分了解教育对象的所思、所想、所忧，从而采取科学有效的措施为教育对象排忧解难；教育对象也能够明白教育者的良苦用心，自愿接受教育者的教育引导，进而让思想政治教育工作的实效性得到提升。相反，如果教育者抱有偏见，对待教育对象时态度比较生硬，或教育对象怀疑和不理解教育者，甚至对教育者有反感情绪，就必然会导致思想政治教育工作无法顺利开展。

2. 坚持心理相容原则的意义

（1）有利于营造良好的心理氛围

在思想政治教育中，心理相容原则促进了教育者与大学生的相互理解、相互信任、相互依赖，形成了融洽、交流无障碍的师生关系，营造了良好的心理氛围。大学生在与教育者进行交流时，如果双方关系融洽，没有歧视、猜疑或矛盾，就能敞开心扉畅所欲言，说出自己的所思、所想、所忧，为教育者全面掌握大学生的思想动态提供便利，让教育者可以在思想政治教育过程中因材施教，从而让高校思想政治教育工作更加具有实效性。

（2）有利于教育主客体充分发挥主观能动性

一方面，心理相容能使大学生保持积极乐观的心理态度，不论是在生活上、学习上，还是在未来的工作中，都能充分发挥自身的主观能动性，激发思维潜能及学习热情，促使他们积极主动地接受正确的引导，提高他们的学习效率和学习质量，让他们的学习更具创造性、包容性和多样性，在实现个性发展的同时实现自我价值，进而获得心理满足感和成就感，形成良性循环；另一方面，教育者看到大学生在自己的引导下，以积极乐观的态度面对生活、学习和工作，也会获得满足感和成就感，进而激发教育者的主观能动性，继续以热情、乐观、积极的态度投入教育工作。

（3）有利于消除大学生的逆反心理

大学生的世界观、人生观、价值观正处于发展期和形成期，对问题的了解并不全面，常常只知其表象而不知其本质。再加上大学生的个性强，自我管理能力差，常常以自我为中心，当自己的一些做法不被家长、教师、朋友所理解和信任时，就会产生消极对抗的情绪，出现逆反心理。在开展思想政治教育工作时要运用心理相容原则，教育者要主动关心、信任、尊重、爱护大学生，让他们感受真诚的人文关怀和情感温度，触动其内心，让大学生能够产生信赖感，愿意主动接受教育者进行的正确引导，并且能够听取不同的意见，消除大学生的逆反心理。

3. 运用心理相容原则的必备条件

（1）教育者与教育对象对价值观的接受和认可

心理学中的相似性原理指的是拥有大致相同或者较为相似的观点的人，能够更容易互相理解，吸引彼此，生活中，大多数人喜欢接近有相同观点的人。教师和学生如果在信仰或者价值观等方面有较为相似的地方，就会使他们有一种"彼此相像"的感觉，这样，他们在心理上就能理解彼此，易于接受彼此。在这种情况下，教师应主动通过开展各种活动接近学生，让他们自觉地在各种实践活动中形成符合社会需要的思想观念，这样的教学方式比空口说教更有效。

（2）教育者应具备良好的人格魅力

随着科技的发展和社会的进步，教师传统意义上的权威受到挑战，教师的知识储备如果不足，会导致失去教育的权威性和学生的信任感。此外，教师不仅应该提升个人的能力素质，还应该提升个人魅力，拥有良好的个人品质。教育者是教育实践的指导者，榜样的示范力量会使教育者像一块磁铁吸引着受教育者，从而引导他们的言行，所以，教育工作者要时刻重视自我教育的作用。教育者的道德素质和个人能力应该符合教育工作者的期望。否则，教育效果将大大降低。

4. 实现师生心理相融的路径

（1）教育者要提高自身修养

教育者是大学生树立正确世界观、人生观、价值观和全面健康发展的引导者及保障人，只有做到思想境界高、政治立场稳、道德品质好，才能吸引、感染大学生，使其信服，愿意接受思想政治教育。同时，教育者要具有良好的个性品质和美好的外在形象。若教育者对待学生做到真诚、热情、通情达理、善解人意，外在做到仪态大方、行为举止得体，那么学生自然愿意与教育者交往交流。这时教育者可以再通过交流给予学生思想启发，丰富其情感，满足其心理需求。除此之外，在进行思想政治教育时，教育者有教育主体与教育客体的双重身份，在开展教育的同时要接受学生的反馈，并据此改进自身的不足，不断完善自我，促进教育方式方法和教育内容与时俱进、与生俱进，实现教育者与大学生的心理相容。

（2）建构平等民主的师生关系

在开展思想政治教育工作的过程中，教育者要放下高高在上的教师形象，以朋友、亲人的身份出现在大学生面前。只有在师生双方处于平等和谐的关系时，大学生才会感到轻松愉悦，没有心理压力，乐于与教师坦诚地沟通交流，说出心里话。在生活上，教育者要像亲人、长辈一样主动关心学生，让他们在充满爱意的环境中成长，使其对教育者产生信赖。在学习上，教育者不仅是教师，还是学生的朋友，要主动帮助学生，做真诚的倾听者，适时给予学生正确的指导，让他们产生依赖，化解其对立的情绪和逆反心理。

（3）发挥学生的主观能动性

对思想政治教育工作来说，实践活动是其第二课堂，教育者应该有意识地对实践活动进行组织，并且应该积极参与其中。通过实践活动，使学生能够领悟理论知识，并对理论知识进行运用，对实际的问题进行探索，加以解决。同时实现自我价值，将学生探索真理的欲望激发出来，发挥其主观能动性，使其积极投入学习，补足自身的短板，全面健康地发展。教育者可以与大学生一起策划，一起讨论，确保实践活动的可行性、安全性、实用性，做到与学生同思、同做、同苦、同乐，形成轻松愉悦的教育教学氛围。教育者要让学生放下防备心理，增加与大学生的双向交流互动，潜移默化地传播正能量，发挥自身的榜样作用，成为学生成长历程中的带头人和引路人。

第二章 高校思想政治理论课的基本优化

第一节 高校思想政治理论课教学目标优化

一、思想政治理论课知识目标的教育功能

把思想政治理论课的世界观、人生观、价值观教育和思想政治教育放在一个重要位置，突出思想政治理论课的思想性，这是时代发展的需要，也是人的全面发展的需要。但是改进的地方有时也是过犹不及的地方，由于我们在价值取向上突出了思想政治理论课的思想性，而在思想政治理论课的学科内容体系和方法论上忽视了马克思主义理论教育和思想政治教育的学科知识性，思想政治理论课教育教学变得重视理论灌输和说教，而缺乏马克思主义理论的科学说服力和真理穿透力，学生的主体性受到忽视，或多或少地影响或者削弱了思想政治理论课的教育教学效果。如有人在反对"智育化"的马克思主义理论教育和思想政治教育的同时，片面强调马克思主义理论教育和思想政治教育要在引导、培养、考察教育对象的思想意识、实际行动与能力上下功夫，而忽视了马克思主义理论教育和思想政治教育的知识教育价值，从而在实际做法中将马克思主义理论教育和思想政治教育与知识教育、信仰教育人为地割裂开来；还有人在加强和改进大学生思想政治教育包括思想政治理论课教育教学实效性的过程中，片面强调思想政治教育、政治理论课教育教学要增强科学含量、提高学科化程度，而忽视了思想政治教育、政治理论课教育教学本身的内在规律性与价值指向性，同时，也忽视了知识教育的思想教育价值。这些认识和做法，客观上自觉不自觉地分割了思想政治理论课的知识教育和信仰教育的有机统一，也影响了大学生思想政治教育的有效开展。

正是在这个意义上，中共中央、国务院发出的《关于进一步加强和改进大学生思想政治教育的意见》（以下简称《意见》），明确提出了一个极其重要但往往被忽视的问题，即如何正确处理思想政治教育与知识教育关系的问题。《意见》指出，加强和改进大学生思想政治教育，必须坚持教书与育人相结合、坚持政治理论教育与社会实践相结合、坚持知行统一，把传授知识与思想政治教育结合起来；要深入发掘各类课程的思想政治教育资源，在传授专业知识过程中加强思想政治教育，使学生在学习科学文化知识的过程中，自觉加强思想道德修养，提高政治觉悟。《意见》明确要求大学生思想政治教育必须正确处理知识教育与思想政治教育的关系，引导大学生在增长科学文化知识的过程中提升思想政治素养，德知并进、知信递进、知行合一，全面发展。

思想政治理论课教育教学之所以首先是知识教育有以下两点原因：

一是因为知识教育是思想政治教育中不可缺少的环节与载体。思想政治教育内含三种教育活动过程——思想教育、政治教育、道德教育，而这三种教育过程都是以知识为前提的：思想教育的逻辑路径是以宣传、讲解作为问题存在的"知"为起点；政治教育的本质是引导教育对象对自身以及自己所从属的团体的利益的感知或认识；道德教育的关键意义是对个体道德认知的提升。可见，思想政治教育与知识教育之间存在密切的关系，正是以知识教育为基本形式、基本载体，思想政治教育活动才能够获得自己最丰富、最深刻的实践形态。从另一方面来看，思想政治教育只有充分结合人类科学技术发展的最新成果和知识来进行，才能提高教育教学的吸引力。思想政治理论课是一门严谨的学科，同时也是一门语言艺术。成功的思想政治教育活动宛如使人处于一定的艺术氛围中，并给人一种艺术的享受。在这种艺术氛围中，语言艺术占有重要的地位。语言作为人类特有的一种意识，自古以来就是知识传播的重要途径。在网络技术高度发展的今天，思想政治理论课教师需要深入了解当代大学生的语言特点和需求，积极构建课程讲授中的大众化语言方式，通过紧密联系时代特征与中国国情，将马克思主义理论转变为学生乐于接受的内容，进而提高教学的针对性和有效性。

二是因为马克思主义理论本身是科学的，是建立在人类丰富的知识基础之上的。马克思主义作为指导无产阶级实现人类最美好的共产主义的学说，其本身就是科学认识和科学信仰的统一。马克思主义并不是凭空产生的，从思维方式的角度讲，在马克思主义产生之前，人类思维领域一个最基本的矛盾就是理性和信仰的矛盾，人类总是用自己拥有的理性世界去规范、去把握信仰世界。马克思主义是科学的理论，马克思的立足点是现实的人和人类社会。他从人类生产劳动这一基本事实出发探究人类社会产生和发展的奥秘。为此，他收集了无数从人类社会远古时代到他那个时代的历史文献和资料。他的涉猎面之广几乎是无人可比的。在一生的研究工作中，他阅读了大量哲学、政治学、经济学、社会学、历史、法学、文学、地理学、人类学、考古学、数学、物理、化学等领域的文献和资料，光是历史学笔记就有几百万字，而《资本论》的原始手稿就有10卷本之多。正是从人类社会的基本事实出发，马克思遵循逻辑统一于历史的原则，运用从抽象到具体的方法揭示出了人类社会的发展规律。可见，马克思主义理论充满知识和智慧的光芒，在马克思主义理论教育和思想政治教育过程中，可以而且也应当挖掘和利用马克思主义理论的科学理性光芒，增强马克思主义信仰的说服力和感召力。

高校思想政治理论课担负着对当代大学生进行系统的马克思主义理论教育、用发展着的马克思主义武装学生头脑的任务。大学生是国家和民族的宝贵人才，高校思想政治理论课的教学效果如何，关系到能否培养出一大批社会主义事业的合格建设者和可靠接班人，关系到党的事业能否后继有人，国家能否长治久安，中华民族伟大复兴的目标能否实现。从这个定位来看，高校思想政治理论课对提高大学生的思想政治素质、促进大学生全面发展发挥着非常重要的作用，这是其他任何课程都无法比拟和取代的。

要发挥思想政治理论课的地位和作用，加强思想政治理论课的教学效果，首先不是取舍教学内容、通悉教材教法的问题，而是明确思想政治理论课到底是什么教育的问题。只有首先明确思想政治理论课是什么教育，才可能正确地展开教育。思想政治理论课是其他任何课程所无法比拟和取代的，这说明了思想政治理论课的独特性，有一种个性，而个性是寓于共性之中的，个性只是一个事物区分另一个事物的属性和标志，共性才是决定事物产生的依据。那么思想政治理论课的共性究竟是什么呢？显然，这个共性的探寻不是静止的求异过程，而是发展的求同过程。既然思想政治理论课是作为一门课程设置而存在的，它理所当然地与其他课程有共同的作用机制，这就构成了探寻思想政治理论课共性的突破口。从作用机制上看，思想政治理论课与其他课程一样，首先应该是知识教育，因为任何一门学科都是人类知识的结晶和总结，课程是以知识形式呈现的；从人自身来看，人成长成才首先也是以概念的形式去掌握的，试想一个人一出生就知道了什么是善什么是恶，就确立了共产主义信仰而决意为之，那该是何等可怕的一件事。

从教育教学的发生学意义上讲，思想政治理论课首先是一种知识教育，知识教育是思想政治理论课的原生形态。因为思想政治理论课是完成对人的思想武装、提高其思想认识态度和觉悟的人类教育活动，这个过程的实现是以人的知识底蕴和知识视野为基础和平台的。一个事先毫无知识存量和根本不具备知识头脑的人是不可能自觉完成这个转变的，否则是一种盲从、愚昧或宗教的狂热。只有在一个人具备了必要的知识视野和知识底蕴，并且具备了运用一定知识视野和知识底蕴理解、解释周遭事物的能力后，他才能完成向符合特定社会要求的思想道德修养水平的转变，从而把思想觉悟统一到社会主导价值取向上来。也就是说，思想政治理论课是知识教育，是关于理解周遭事物的知识教育。正是如此，思想政治理论课自从产生起就一直没有以抽象的形式单独存在和展开，而是寓于知识形态的教育活动中（如现行高校四门思想政治理论课），抽象展开的思想政治理论课是无源之水、无本之木，不可能存在和发展下去。

思想政治理论课是知识教育，但这种知识教育不是一般的知识教育，而是一种思想政治素养教育，这个知识就是思想政治素养。政治社会构成了人的生存境遇，人一刻也不能离开对这个境遇的理解和把握。只有理解了，把握了，人才能构筑自己被主流社会认可的日常生活体系，才能被纳入有序的社会生活轨道。而一个人之所以能够理解、把握自己的生存境遇，就是因为他有科学的世界观和方法论，有正确的认知态度和审视视野，他能意识到社会对他的要求以及他自己应该对社会所担负的态度和责任。也就是说，这种理解、把握是建立在思想政治素养的知识平台上的，是作为知识的思想政治素养在运用知识的力量理解社会、解释周遭事物。这种解释、理解的过程，就是思想政治理论课知识教育在人那里的作用过程。

二、思想政治理论课教学的价值目标

对高校思想政治理论课教育教学来说，要有效实现价值教育的目标，必须把知识教育和形式的价值教育与实质的价值教育有机结合起来，有理有力有节地、合乎时宜地把马克思主义信仰教育融入其中。

首先，大力推进马克思主义理论知识教育，掌握科学的价值评价能力和批判精神。形式的价值教育为主体建构了一种价值体系或信仰的生成平台或生成工具，主体只要掌握一种知识体系、价值评价能力和批判精神，可以即时地拥有一个信仰和价值理念。信仰首先产生于知识，这是信仰的原初形态。马克思主义既可以是一种信仰，也可以是或者说更可以是一种知识。事实上，信仰与知识是密不可分的：信仰指向一个目标、一个价值；知识是认识现状、了解人的处境、面对世界。信仰与知识的不同在于，信仰是一种力量，因为有了信仰，我们才能够行动、投入，所以信仰很重要。但如果只有信仰，没有知识的话，这种信仰就会变得很盲目。知识犹如我们的眼光，是我们对世界、对自我的认识，所以，从整体上说，知识是多方面、多层次的。马克思主义是一种科学的理论知识，它在总结无产阶级斗争经验和人类自然科学、社会科学优秀成果的基础上，深刻揭示了客观世界特别是人类社会发展的普遍规律，揭示了社会主义必然代替资本主义并最终实现共产主义的普遍规律，是无产阶级进行革命和建设的科学思想体系。马克思主义之所以具有彻底的革命性，正在于它严格的和高度的科学性、真理性。同时，信仰产生于理解，而理解的过程就是批判的过程。马克思主义具有批判性，因为辩证法的本性是批判的。马克思主义的哲学基础就是唯物主义的辩证法。从这个意义上说，马克思主义的本性就是批判的、革命的。马克思主义全部学说就是在对事物肯定的理解中包含着对事物否定的理解，从事物的运动中、暂时性中去理解。

其次，大力推进马克思主义信仰生活化，构筑马克思主义的群体文化框架。因为个体主体只有依赖其所属的群体及其文化的框架，才能习得生活能力，才能掌握社会文化规范，因此，每个群体在传递其规范的价值取向时，并不仅仅限于理性主义的知识传授和逻辑辩证，而是从其社会成员确立的那一天起就开始不遗余力地通过一系列途径有意无意地对其成员所有的精神领域施加影响。只不过，批评理性主义者把这种不仅以理性的方式，而且以所有精神力量的方式进行的价值教育，视为贬义性的"灌输"，灌输成了专制和压迫的化身。把马克思主义信仰生活化，不仅是实质的价值教育的要求，更是马克思主义大众化的本质要求。马克思主义大众化，从本质上看，就是马克思主义回归生活世界的过程，因为马克思主义大众化不仅是一个理论问题，更是一个实践问题。马克思主义只有与人民群众的生活实践结合起来，才能真正为广大群众所掌握并内化为其活动图式。事实上，也正是由于马克思主义的价值和意义体系遭到了来自大众现实生活层面的否定，才使得马克思主义大众化成为一个重要的时代命题。生活是马克思哲学的重要基础和意蕴。源于生活、理解生活、批判生活、创造生活，是马克思哲学的重要特点与使命。马克思主义信仰，基于人们生存于其中的客观现实，从现实中分析和概括出符合事物发展方向的客观规律，它给人们指出的是一条现实道路。马克思主义不仅能够给大众群体的日常生活提供模式和指导，为现代个体生活确立价值导向，而且还为现实生活矛盾的化解和现代生活发展困境的处理提供价值标准和价值评价的方法，为人的全面发展提供现实平台。马克思主义只有进入群体和个体的生活世界，用辩证唯物主义和历史唯物主义的认知态度和审视视野指导和范导大众的日常生活实践，才能真正进入大众的头脑，实现真正意义上的大众化。

高校思想政治理论课教学落实着"三进"任务，承担着当代大学生的主导价值取向的牵引和培植工程。于此，我们对高校思想政治理论课的教育教学不能仅从一般学科的角度去要求，而要从培养什么人、如何培养人的高度去认识，站在为社会主义服务、为人民服务的立场上拓宽当代大学生的政治视野和学识。在教学过程中把传授知识与进行思想政治教育结合起来，深入发掘思想政治理论课的价值教育功能，加强马克思主义世界观和方法论的教育，帮助他们掌握和形成科学的政治素养，获得对社会的科学认知态度和审视视野，从而使学生在学习科学文化知识过程中，达到自觉加强思想道德修养、提高政治觉悟的目的。

三、思想政治理论课知识目标与信仰目标的教育价值取向

高校思想政治理论课教育具有鲜明的政治性和思想性，它要求坚持用马克

思主义和中国特色社会主义理论体系教育武装当代大学生，坚持马克思主义的领导权，始终把引导大学生确立献身于建设有中国特色的社会主义事业的政治方向放在首位，牢固树立建设中国特色社会主义的共同理想，坚定党的基本路线和四项基本原则不动摇的信念。这是我国高等教育的性质和知识教育的社会属性决定的，也是社会主义现代化建设与社会主义精神文明建设的本质要求，更是中国革命、建设和改革开放事业颠扑不破的伟大真理和得天独厚的优势。

思想政治理论课既是知识目标教育，也是信仰目标教育，在思想政治理论课教学中，我们要坚持二者的统一，不可偏废。但是有一个问题不容回避，那就是知识目标教育和信仰目标教育的统一究竟统一于什么？是知识统一于信仰呢，还是信仰统一于知识呢？对这个问题的不同解答，必然会形成两种完全不同的教学方法论。

强调知识教育与信仰教育应该统一于知识教育，是认为思想政治理论课有不变的概念和体系，以概念分析、概念演变、体系结构作为思想政治理论课的核心内容，强调知识的逻辑关联，而把信仰教育作为知识教育的条件看待，用知识取代信仰。现行的思想政治理论课考试方法包括党校培训、考试，在一定程度上用知识衡量了信仰，使信仰沦落为一个可检测的工具。这种方法本质上属于逻辑主义的方法，相信信仰是逻辑推导出来的。与之不同的是，强调知识教育与信仰教育应该统一于信仰教育，是把社会发展的基本问题作为思想政治理论课的核心内容，强调在不同的时代、不同的阶段这些问题都有其特殊的表现和提问方式，以及相应的思考范畴体系和方法，把知识这种逻辑的东西从属于信仰这种历史的范畴，不同时代、不同阶段的一代又一代的探索和思考与社会发展的历史命运紧密相关，注重知识教育背后的历史动态考察，主张核心问题的历史对话和平等沟通。这种方法是历史主义的方法，相信信仰是理解体验出来的。对比这两种方法，教学方式不同，教育效果也完全不同：前者把信仰理解为逻辑范畴，与知识并列，追求知识的单一形态，强调生硬的灌输，其效果有时是口服心不服；后者把知识理解为历史范畴，与信仰同源，追问信仰在不同时代、不同阶段因历史主题变换而变换的历史逻辑，强调历史体验和平等对话，其效果往往是心悦诚服。

思想政治理论课的宗旨和使命就是要从时代思维的角度，立足培育大学生的理想信念，通过系统的马克思主义理论教育，培养具有改革创新精神和历史使命感的既有知识和能力又有理想和信念的社会主义建设者和接班人。因此，思想政治理论课教学不能运用信仰教育统一于知识教育的逻辑说理方法，仅仅停留在知识教育层面，而必须运用知识教育统一于信仰教育的体验理解方法，从知识教育层面上升到信仰教育层面。

第二节　高校思想政治理论课教学环节优化

一、教师引导环节

教师引导环节是高校思想政治理论课教学的重要组成部分，是课堂教学环节的起点，也是基础，同时，还是传统课堂教学环节和现代教学环节的有机衔接。一般来说，课堂教学的教师引导环节主要是对教学内容的复习巩固，并在复习巩固的基础上，导入新课。但随着互联网的广泛应用和大学生学习状况的变化，思想政治理论课的课堂教学引导内容已经发生了很大变化，基于"学习者为中心"的教学理论，在以生为本理念的指导下，形成以学习习惯引导为起点、以学习方法引导为核心、以教学内容引导为重点的课堂教师优化引导环节体系。

（一）学习习惯引导

学习习惯是在学习过程中经过反复练习形成并发展，成为一种个体需要的自动化学习行为方式。良好的学习习惯，有利于调动学生学习的积极性和主动性，有利于形成学习策略，提高学习效率，有利于培养学生的自主学习能力，有利于培养学生的创新精神和创造能力，使学生终身受益。

良好学习习惯的导入——习惯形成性格，性格决定命运。

良好的学习习惯，能帮助学生明晰学习方向，提高学习效率，使学生不断自我完善；不良的学习习惯则容易使学生滋生消极的思想意识，不利于学生的成长成才。思想政治理论课是大学阶段最重要的基础性公共课，对大学生至关重要，因此，教师优化创新引导环节的前提和基础就是培养大学生良好的学习习惯。

1. 循循善诱，让积极学习思想政治理论课成为一种习惯

学习就是要学生在学的过程中习得科学知识和好的为人处世品质。在思想政治理论课的教师引导环节，教师处在引导的地位，要循循善诱，以丰富的知识储备和生动活泼的形式，调动学生学习思想政治理论课的积极性。学习主要是由学生自己来完成，这需要学生课前大量阅读文本材料，在网络上查询相关的大量信息，做好充分的准备。然后在课堂上，教师在引导时进行提问，通过学生的回答，教师给出合理的解释，并帮助学生把碎片化的知识体系化。一方面，能帮助学生养成主动学习的习惯，加深对知识的理解消化；另一方面，能很好地促进师生之间的良性互动。

2. 趋利避害，让科学利用网络成为学习理论课的一种习惯

网络是一把双刃剑，有些大学生过度依赖网络和沉迷于网络，在学习上已经造成了巨大的负面效应。但是网络也是当前大学生学习的最重要的工具和手段，因此必须引导大学生形成科学利用网络资源学习思想政治理论课的习惯，既要充分利用网络答疑解惑、开阔视野，也要利用网络学习知识、增加储备，更为重要的是，要自觉规避网络的负面效应，发挥网络在思想政治理论课学习中传播的正能量的作用。既要科学利用网络，又不过度依赖网络，更不沉迷于网络，让科学利用网络成为一种学习思想政治理论课的良好习惯。

3. 合理安排，让科学规划成为学习理论课的一种习惯

"凡事预则立，不预则废。"没有科学的规划，做事情就会像无头苍蝇到处乱撞，其结果只能是什么事都做不成、做不好。针对学生已经形成的懒惰习惯，期待学生自觉地去做是不可能的。这就需要学校制定硬性的规章制度严格要求学生，硬性规定学生的作息。人习惯的养成是有一定规律的并需要一定时间的，硬性的规章制度实行到一定阶段，学生逐渐养成计划性作息习惯时，这种规章制度

就可以放松规范力度了。因为硬性规范时间过长，容易给学生造成一种压抑感，不利于学生自我主动创造性地发展，这样也会偏离学校制定硬性的规章制度的初衷。同时，一个人的精力是有限的，再好的学校也不可能培养出十全十美的英才，要引导学生科学规划、分清主次、抓住重点、提升能力。

4. 积极向上，让学习先进榜样成为学习理论课的一种习惯

思想政治理论课是进行大学生思想政治工作的，其核心目标是宣传科学的价值取向和崇高的信仰。在人生道路上，榜样是盏明灯，是盏在学生遇到困难挫折时鼓励他不断前进、永不泄气的灯，是盏在学生寻求成功道路上迷茫时引导他不偏离轨道的灯。榜样的作用是巨大的，可激励学生以榜样为目标而不断努力。思想政治理论课要结合社会实际、当地实际和学校实际，引导学生树立榜样意识。教师可以在思想政治理论课上经常邀请在社会群体中影响力较大的，并且亲身经历的故事对大学生有说服力的名人、成功人士来做演讲，或者通过视频等形式，以榜样的故事、言行鼓励学生，给学生传递积极向上的信息，在学生面对学业或者人生选择迷茫时，提供一些建议，帮助学生及时准确地找到自己的定位，树立自己的目标理想。

5. 谆谆善导，让互动分享成为学习理论课的一种习惯

所谓教学，不仅要"教"，还要"学"。这之间存在教师与学生的双向选择问题。

圆满的教学要求教师和学生间能够相互积极地配合。和谐融洽的师生关系是构建师生良性互动的前提，怎样才能建立这样的师生关系？重点在于师生之间社会角色的转换。二者之间除了教师与学生的角色，还可以是朋友与朋友的角色。在师生真正的交往中，很多时候，一些教师难以真正放下身段，总是以一种凌驾于学生之上的姿态接触学生，在这样的交往中，学生自然会产生排斥感，潜意识中在教师和自己之间建筑起高高的心墙，把教师和自己完全隔离开。教师只有放下身段，真正敞开心扉，像对待朋友一样对待学生，才能真正融入学生，才能真正走近学生。

（二）学习方法引导

学习方法是通过学习实践总结出的快速掌握知识的方法。思想政治理论课与其他学科一样，需要科学的学习方法，因此，在课堂教学教师引导环节，学习方法的优化引导至关重要。

科学学习方法的导入——学习有法，学无定法，贵在得法。

不同的学科有不同的学习方法，并没有统一的规定，甚至有很多相通之处。不过，因个人条件不同，时代不同，环境不同，选取的方法也不同。古人云："学习有法，而无定法，贵在得法。"在思想政治理论课的学习中有方法可选，有规律可循，但并没有固定的方法，也没有最好的方法，只有最适合自己的方法。

基于对当前大学生思想政治理论课学习方法的现状分析，大学教育领域正在发生极其重要的转移，即由"教"向"学"转移，由"被动"向"主动"转移，由"重复过去"向"面向未来"转移。为此，思想政治理论课教师要从以"教师为中心"改变到以"学生为中心"，确立大学生在教学过程中的主体地位，重视大学生的学习方法。秉承"以学生为中心、以教师为主导"的教育理念，从优化创新的角度看，教师的作用重在引导、指导、点拨，促进当代大学生向自主学习、合作学习、探究学习、学会学习的方式转变。具体如下：

1. 引导学生由被动接受学习转向主动探究学习

主动探究学习是一种高品质的学习。"被动""受控"是传统学习模式的根本特征。而主动探究学习是一种特殊的认识过程，是自觉的、体验的、积极的、基于感性的认识活动，它是情境性、非线性的认识过程，它蕴含了丰富的、潜在的教学价值。我们将"主动探究学习"概括为建立在自我意识发展基础上的"能学"，建立在学生具有内在学习动机基础上的"想学"，建立在学生掌握了一定的学习策略基础上的"会学"，建立在意志努力基础上的"苦学"。尤其要突出探究兴趣、探究热情和良好求知态度的激发与维持，实现探究活动、探究态度、探究精神的一体化，让学生在真实的探究过程中亲力亲为，拥有足够的探究和体验的时间和空间，将知识真正融入心灵，促进学习目标的全面实现。

2. 引导学生由个体封闭式学习转向合作学习

合作学习是一种目标导向性活动。要改变大学生的个体封闭式学习倾向，培养学生与人交流、沟通、合作的意识和能力，就要积极倡导合作学习。在合作学习中，由于有学习者的积极参与、高密度的交互作用和积极的自我概念，使学习过程远远超越了个体单向认知与交流的过程，而形成一种多元互动、立体交流的过程。合作学习将个人之间的竞争转化为个体之间的合作，有助于培养学生的合作意识和团队精神。合作意识和创新能力是21世纪人才必须具备的基本素质。

3. 引导学生由单一的课堂学习转向开放的网络学习

传统的课堂学习只限于课堂中师生面对面的有限同步交流，交流对象范围小。网络学习则扩大了交互性，学习者可通过网络向世界各地的学习者和优秀教师提出问题和请求指导，这样就使学习者参与交互协作式的学习中，极大地提高了学习的有效性和科学性。网络学习是终身学习的一种重要的方式。网络环境下的学习是形式多样的，学生完全可以根据自己的基础、学习能力和学习时间等条件灵活地选择学习内容、学习进度和学习方法。这种方式有利于培养和呵护学生的学习兴趣，能够充分体现学生学习的个性化特征，促进学习者的个性发展。

4. 引导学生由片面书本学习转向全面体验学习

长期以来，学生只重视学习书本知识，很少让自己体验和感悟知识。这样不仅使学生失去了鲜活的创造意识和创新精神，还欠缺能够迁移的知识和实践能力，变得只会纸上谈兵，使所学的知识成为无用之物。一些成绩很不错的大学生，一旦离开学校，却发现自己很难适应社会，所以，应倡导体验式学习，培养学生的实践能力。全面体验学习是教师引导学生亲身体验大自然，参与社会服务，实地进行调查、访问、参观与实验，实际进行讨论或发表意见，进行设计与生产等真实活动，并经由实践、体验、省思与分享，以觉察活动意义和实现学习目标的学习。

总之，大学生学习方法的变革与教师教学方法的创新是相辅相成的。学生学习方法的变革，推动教师教学方法的创新；教师教学方法的创新又反过来会影响学生的学习方法与结果。学生采用探究学习法、合作学习法、网络学习法、体验学习法等先进的学习方法，可以最大限度地发挥学生的个人潜能，提高自身的观察能力、思维能力、动手能力、语言表达能力和创造能力。而教师也应不断更新教育观念，创新教学方法，培养学生自主学习、解决问题、科学实践的能力，把学生培养成现代社会所需的富有创新精神和创新能力的复合型人才。

（三）教学内容引导

通过上述分析发现，当前，大学生对思想政治理论课的学习习惯不好、学习方法不科学，导致对思想政治理论课的学习态度不端正和学习目标不科学，因此，教学内容引导就成为课堂教学教师引导的重点。思想政治理论课的内容优化引导，是基于"学习者为中心"教学理论，在以生为本、问题导向、师生合作理念指导下，结合思想政治理论课目标优化创新，形成的"知识、价值和信仰"三位一体的思想政治理论课内容引导优化创新体系。

1. 加强教材知识学习引导

高校肩负着学习研究宣传马克思主义、培养中国特色社会主义事业建设者和接班人的重大任务。思想政治理论课是巩固马克思主义在高校的指导地位，坚持社会主义办学方向的重要阵地，是全面贯彻落实党的教育方针，培养中国特色社会主义事业合格建设者和可靠接班人，落实立德树人根本任务的主干渠道，是进行社会主义核心价值观教育，帮助大学生树立正确世界观、人生观、价值观的核心课程。思想政治理论课教学，事关工作大局，事关中国特色社会主义事业后继有人，事关实现中华民族伟大复兴的中国梦。

2. 人生价值提升引导

思想政治理论课是巩固马克思主义在高校意识形态领域的指导地位，是进行社会主义核心价值观教育，帮助大学生树立正确世界观、人生观、价值观的核心课程，因此，思想政治理论课内容引导环节的核心和目标是形成正确的"三观"。从当前看，就是对大学生进行社会主义核心价值观引导，积极健康向上的思想和精神在人们心里播下种子，就能生根、发芽、开花、结果，就能转化为崇德向善的实际行动。

3.科学信仰树立与引导

信仰是人们对未来的向往和追求，一旦形成，就会成为支配和左右人们活动的精神动力。大学阶段是信仰需要的生成期和选择期。从年龄上看，大学生能够独立思考，需要树立自己的奋斗目标，需要坚定信仰。从文化层次上看，大学生掌握了一定的科学文化知识，对社会发展有更多的理性思考，这种思考本身表明他们有信仰的需要。思想政治理论课课程融知识教育与信仰教育为一体，把马克思主义作为一门科学知识传授给学生的同时，也把马克思主义作为一种信仰传播给学生。科学信仰引导是一个长期复杂的教育过程，对各个阶段的人来说应采取不同的方法，因此，对大学生的信仰引导主要从以下两个方面入手：

（1）按照不同年级大学生的心理特点进行引导

根据不同年龄学生的心理特点及精神需求状况采用不同方法、不同方式。对比法、辩论法等方法适合大学生的心理特点，让大学生自己在比较和辩论中选择科学的信仰，尊重其人格、尊重其选择，加以恰当的引导，是大学生树立科学信仰的较好的方法。

（2）根据不同层次的信仰需求进行合理引导

首先，对学生党员和入党积极分子应侧重马克思主义信仰引导。大学生党员、积极分子作为大学生中的先进分子，有着更高的政治追求，他们也将是社会主义事业建设者和接班人的主体。因此，对他们的信仰教育，可以侧重更高层次的马克思主义、共产主义信仰教育，使他们成为正确信仰的坚持者，在党组织中发挥带动和感召作用。

其次，对一般学生进行社会主义道德和信念教育引导。对普通学生，可以侧重进行社会主义核心价值体系的教育。按照社会主义荣辱观的基本要求，对学生的日常学习、人际交往、社会实践给予不同层次的引导，使大学生自发地以"热爱祖国、服务人民、崇尚科学、辛勤劳动、团结互助、诚实守信、遵纪守法、艰苦奋斗"作为人生准则，使他们的行为自觉符合社会规范要求。

最后，对信仰产生误区的学生侧重科学信仰的引导。对这类学生，以培养他们对科学的坚定信仰，自觉树立唯物主义的人生观、价值观为切入点，尽量避免让学生产生逆反心理，使学生相信科学知识，认识到对超人类力量的追求是虚幻的，在面对问题和困难时，从实际出发，以理性的、唯物的观点指导自己的行为，在科学与非科学信仰的争夺中，最终用科学战胜蒙昧无知。

在思想政治理论课教学中，要始终如一地大力进行信仰教育，要把马克思主义理论、共产主义理想，通过教育的途径大张旗鼓、旗帜鲜明地灌输给大学生，使之从知道与理解转化为认同与接受，然后升华为信念信仰，最后变为当代大学生的行动指南和精神动力。

二、学生自学环节

学生自学环节即学生自主学习环节。自主学习是一种学习方式，也是一种教育思想和教学要求。教育是以学生为中心的活动，学生对知识的主动探索、主动发现、主动建构才是教育的真谛。教育不是"授之以鱼"而是"授之以渔"。自主学习与"他主学习""被动学习"相对应，带来了教育理念的革新，激发了各门教育科学对自主学习模式的探索。思想政治理论课是一门理论性很强、涉及内容又比较广的课程，仅靠教师单向灌输，进行理论阐释，学生不喜欢听，教学效果也不理想。为此，我们要转变教育观念，优化创新学生自学环节，确立以学生为本、注重实效的教育理念，从学生的思想政治素质和教学规律出发，积极推进教学方法的改革和创新，进行大学生自主学习的实践探索。

（一）自主学习的实施原则

1.教师引导与学生自我管理相协调

教师是学生自主学习的主导，对学生自主学习教学环节进行组织与协调，负责安排学生自主学习的时间，建议学生自主学习的地点，规划学生自主学习的内容，实施学生自主学习的考核，等等。学生则是自主学习的主体，教师要充分尊重学生的主体地位，强化学生的主体意识，激发学生的主体情感，让学生真正成为学习的主人。教师可以在统一指导下，放手让学生根据自己的需要与意愿组织合作团队，根据自己的兴趣与优势联系自主学习的地点或单位，根据自己的情况与条件合理安排自主学习的时间。

2.教师课堂讲授与学生自主学习同步

课堂讲授教学模式是高校思想政治理论课的主渠道，自主学习教学模式是让大学生体验和理解理论的重要途径，是课堂讲授教学模式必要和有益的补充，因此，自主学习无论在教学内容上还是在教学时间上都要与课堂教学同步。教师可以给出若干与课堂教学相呼应的自主学习内容，规定完成自主学习的时间，让学生自主选择学习内容，自由安排学习时间，在充分调动学生学习主动性的同时，保证自主学习与课堂教学同步。

3.学生个人进行与小组协同合作相结合

自主学习教学模式的关键是使自主学习活动落实到个人，使每个人都切实参与到自主学习活动中，在自主学习活动中有自己的任务、经历与体验。但在未来的创新活动中，许多任务仅仅依靠个人的力量是不可能在有限的时间内完成的，而需要依靠集体的智慧和力量。因此，协同合作意识就显得尤为重要。通过小组成员之间、班级成员之间、教师与同学之间的协同合作、取长补短、相互学习，让学生体会到集体的重要性、合作的意义，让学生感受到在这个充满竞争的社会里，还有比竞争更重要的东西——合作。

4.自主学习内容个性化与集中化相统一

就自主学习教学模式的教学内容而言，要始终坚持理论联系实际的原则，即自主学习的内容是教材知识体系的实际应用。因此，自主学习的每一个单元对应相应的理论基础，所有学生都要在教师的统一指导下进行理论基础的实践转化，因此，其学习内容具有集中化的特点。但在具体实施过程中，则要让学生实现自我反思、自我管理、自我服务和自我教育，要全面考虑每一个学生的实际情况，尽可能地照顾到不同思想状况和基础水平的学生群体。所以，在教学过程中，要允许甚至鼓励个性化学习内容的出现，做到因材施教，分类指导，让学生在自主学习的过程中有不同的经历与体验。

（二）自主学习的实现保障

自主学习虽然说是学生"主动"地、"自主"地学习，然而，形成自主学习模式却不是"自然而然"的事情。自主学习也不是"肆意而为"地学习，要有学习目标、学习内容和学习方法，而这些方面的获取不单是学生个体的问题，涉及学生、教师、社会环境等诸多方面，因此，自主学习的实现保障尤为重要。

1. 学生主体地位的培养是自主学习目标实现的重点

自主学习模式既能体现学生的主体地位，又必须依赖学生主体地位的发挥。如果学生缺乏学习的主动性，那么自主学习模式就无从谈起。学生的主体性就像潜藏的资源一样，需要教师去挖掘。因此，在构建自主学习模式时要把培养学生的主体地位放在首位。在思想政治理论课上，大学生的主体地位应该表现为对马克思主义理论的积极探索精神，密切关注时代新变化对马克思主义的挑战，积极探索回答思想上对马克思主义的疑虑和困惑。然而，现实的情况却是大学生对马克思主义的求知欲望并不高，积极学习思想政治理论课教学内容的主动性不强。培养大学生在思想政治理论课上的主体性，要紧密结合大学生的人格特点。当代大学生思想非常活跃，他们情感丰富、强烈，但有时表现出不稳定；他们逻辑思维发展迅捷，但有时带有较为明显的主观性和片面性；他们自我意识增强，富于理想精神，对未来充满希望。思想政治理论课要将大学生的人格特点与马克思主义理论教学紧密结合在一起，要用丰富的历史事实和中国社会的剧烈变革激发大学生对马克思主义的强烈情感认同；要用大量的设问、答疑、质问、演绎调动大学生的逻辑思维，不要苛求"熟知"真理的普遍接受，学生幼稚的甚至是"大胆的"问题都有利于马克思主义的真正"入脑"和"入心"。要用教师的教学态度、语言表达、目标激励、多媒体影音，激发大学生对教学内容的意识觉醒，循循善诱地引导大学生主动投入教学过程之中。在自主学习模式中，学生的主体地位会充分表现出来，教育者要密切关注学生主体性表现的程度，适当给予必要的引导。

2. 教师主导地位的发挥是学生自主学习目标实现的关键

教师是学生自主学习的设计者、监控者和评价者，同时也是学生自主学习的引导者，倡导学生自主学习，并不能取代或忽略教师的主导作用。在思想政治理论课上，教师的主导作用主要表现在：运用教学手段调动学生学习的积极性和主动性；研究教学方法，用通俗易懂的语言、生动鲜活的事例、新颖活泼的形式，活跃教学气氛，启发学生思考；精心设计和组织教学活动，开展多样化的教学实践；完善考试方法，采取多种方式综合考核学生对所学内容的理解和实际表现。在学生自主学习模式下，思想政治理论课教师的主导作用由课堂走向了学生的日常学习，由"面对面"的主导学习进程变成"预设性"指导，教师要帮助学生唤醒自我学习的意识，要帮助学生明确学习的目标、任务、方法，甚至学习地点和时间，要培养学生的写作能力、利用网络和查找资料的能力，最后教师要主导对学生自主学习的考评。思想政治理论课教师对自主学习模式成功与否起到关键性作用，教师要积极提高业务能力，特别是要掌握自主学习模式的运行规律，将思想政治教育的基本原理与自主学习模式结合起来；要不断提高马克思主义理论素养，要使自己成为学生心目中的"马列专家"，做坚定的马克思主义者，做传播马克思主义的排头兵。思想政治理论课教师还应成为知、情、意、念、行的楷模，用言传身教引导大学生形成社会主义思想品德。

3. 自主学习环境的营造是学生自主学习目标实现的外部保障

自主学习离不开好的学习环境，自主学习要求有一种能够让学生主动学习的软硬件环境。思想政治教育也强调环境建设，环境对人的思想品德和心理发展的作用是巨大的。根据思想政治理论课的特点，在思想政治理论课中构建自主学习模式，主要涉及家庭环境、校园环境和社会环境建设。家庭是人社会化的第一块基石，家庭的物质条件和精神条件对学生自主学习影响重大。思想政治教育重视家庭环境建设，一个家庭成员关系良好、家风健康向上、家庭文化素质高的家庭，对大学生思想政治素质的提高起到基础性作用。在这样的家庭环境下，自主学习模式运行的过程会更加流畅，运行的效果也会更加明显。校园环境是大学生自主学习的最主要环境。校风中要有自主学习的氛围，能激发大学生自主学习的积极性。校园要有开放的学习环境，开放的自主学习空间不只是教室，学校的图书馆、自习室、阅览室、多媒体教室等都可以成为开放的学习环境。校园中要有浓厚的宣传党的教育方针和思想政治教育的氛围，包括宣传栏、图片展、研讨会、讲座、信息网等。校园环境决定着大学生自主学习马克思主义理论的机制。

社会环境是大学生自主学习马克思主义的外围空间。社会给大学生的思想品德和心理以强有力的宏观影响。思想政治理论课的自主学习模式必须注重社会环境的研究，通过研究社会上对马克思主义的认识状况，掌握大学生的内心世界；通过引导社会上对马克思主义的舆情影响大学生自主学习马克思主义的方向。社会环境既能提供正能量，也能形成反向激励，思想政治理论课自主学习模式的主导者，要善于运用社会环境的变化推动大学生自主学习马克思主义的目标和任务的实现。解决社会的实际问题永远是学习马克思主义的最终指向。

在思想政治教育学上，为了完成思想政治教育的任务，要求把家庭环境、校园环境和社会环境在方向上统一起来，因此，营造和优化思想政治理论课自主学习的环境，就成为构建自主学习模式的关键因素。

三、合作研究环节

合作研究型学习、合作学习又称协作学习，是指学生为了完成共同的任务，有明确责任分工的互助性学习研究的过程。合作研究让学生根据自己的兴趣、特点组成学习小组，每个小组根据教师提出的问题、任务，结合组员的特长，确定目标、分配任务、学习研讨、确定方案、完成任务，并把自己的学习研究成果在全班展示。随着网络等现代化新媒体的快速发展，大学生获得各方面信息的速度比教师还要快，高校思想政治理论课中的每门课程的教学设计都要进行优化创新，每个教学设计中都应该给学生提供探索的机会，锻炼学生的合作与探索能力。

（一）合作学习在思想政治理论课教学中的价值

1. 有助于实现思想政治理论课的功能目标

高校思想政治理论课从其功能目标来说，承担着对大学生进行马克思主义理论教育、道德传承和理想信念培育的重要任务。要想使马克思主义理论真正进入大学生的脑海中，使思想政治理论和道德观念外化为学生的实际行为，光靠思想政治理论课教师单纯的理论传授和道德灌输是不行的，特别需要学生参与到教学过程中，运用自己的智慧了解这些思想理论，掌握其中包含的科学真理。在思想政治理论课中运用合作学习可以从根本上改变教师的说教方式，增加学生参与特定情境下教学活动的机会，使学生在亲身体验和实践中，既提高发现问题和探究问题的能力，又提升他们对思想政治理论课的理性认识，感悟马克思主义理论的科学真谛。

2. 有助于促进思想政治理论课教学改革

改变教师的教学方式和学生的学习方式，是高校思想政治理论课教学改革的重要任务之一。这就要打破传统高校思想政治理论课教学中教师的绝对话语权，让学生成为教学的主体。我们在高校思想政治理论课中运用合作教学，就是要引导学生积极参与教学过程和认知过程，使学生成为教学活动的主体。随着互联网的日新月异，大学生能够通过手机、电脑等现代媒体渠道快速获取信息，其涉猎的广度和深度甚至超过教师，他们求知求新的意识异常强烈。事实上，高校思想政治理论课的很多教学环节都可以为学生提供探索求知的机会，激发他们的探究创新精神，创设平等、和谐、合作、相互尊重的学习氛围。这种学习方式，不仅实现了思想政治理论课由"以教为中心"的教学向"以学为中心"的教学的转变，而且提高了大学生运用马克思主义立场、观点和方法观察问题、分析问题和解决问题的能力。

3. 有助于实现学生的全面和谐自由发展

大学生的全面发展离不开各种能力的培养，合作学习不仅面向"全体学生"，也面向"学生全体"。在高校思想政治理论课中运用合作学习，可以充分调动学生的主动性和积极性，激发他们的创新意识。小组所有成员围绕一个主题共同思考设计方案，多渠道收集资料，对信息选择、加工，综合运用所学知识得出结论，每个学生都有机会发表自己的观点，倾听他人的意见，积极交往、融洽合作，优势互补，相互依赖，既帮助学生掌握马克思主义的理论和方法，又培养学生的综合素质与能力，使学生在参与过程中得到全面、和谐、自由的发展。

（二）合作学习在思想政治理论课中的策略应用

新形势下，小组合作学习无疑是顺应高校思想政治理论课教学改革总趋势，是提高思想政治理论课实效性的有效模式。思想政治理论课教学中的小组合作学习可分为正式和非正式两种。非正式小组合作学习是课堂教学中经常开展的，自由的、不拘形式的，如思想政治理论课中的热点问题交流法、课前五分钟时事新闻播报法等。正式的小组合作学习是有计划、有组织地开展的，应确立主题、准备资料、集体讨论，也可以邀请其他人员包括教师参加，如专题研讨、政治小论文演讲比赛、第二课堂、社会实践调查等。

1. 合作学习教学设计与启动

做好合作学习的教学设计对优化合作学习效果具有非常重要的保证作用。合作学习教学设计包括两个不同层次的类型：课程总体教学设计、具体课题教学设计。总体教学设计要求教师对高校思想政治理论课课程内容有深刻的理解，有总体的把握，从教学大纲出发，根据学生的认知水平、兴趣和社会化水平，确定哪个教学内容适合实施合作学习，采用哪种合作学习方法等。在进行具体课题教学设计时，要精选合作学习内容，通常选择贴近社会、贴近实际、贴近生活，大学生感兴趣，具有一定共性和挑战性，并且是小组容易合作的主题。如果问题过于简单且没有共性，就可能无法激发学生的学习兴趣，学生也没有合作意识。

2. 合作学习课题设计与布置

课题设计是影响学生合作学习效果的关键。当代大学生最关注两个问题：一个是如何实现中华民族伟大复兴，另一个是如何做到个人的成长成才。而解决这两个根本问题的方法就须从思想政治理论课中找到答案。因此，高校思想政治理论课教师必须充分发挥思想政治理论课的导向功能，依据其课程性质，围绕思想政治理论课的基本理论知识，结合学生关注的社会热点、难点问题，精心做好课题的设计，拟定准确的学习目标。由于思想政治课理论性较强，在布置合作学习任务之前，任课教师一定要集中授课。集中授课主要针对合作学习专题中的重难点问题，设计一些具体问题，为学生创设合作学习情境，然后让每个学习小组自主选择合作学习课题。同时，对每组提出学习要求，传授合作学习技巧，指导小组成员对学习任务进行合理分工等。教师要力求在最短时间内呈现最多、最有效的信息，引导和激发学生讨论问题的兴趣。同时，在集中讲授过程中，教师对设计的问题不能给出结论，要留给学生思考和合作学习的空间。一般来说，任课教师要提前 1 ~ 2 周布置合作学习任务，要求合作学习小组组长在课后组织小组成员对所布置的课题进行研究和讨论，从不同角度对课题进行分解，拟定合作学习的思路，探讨合作学习成果展示的形式，最后将合作学习的成果拿到课堂上交流展示。整个学习过程需要全体小组成员的配合、协作、互动、参与。

3. 建立合作学习互动小组

合作学习小组的建立是影响合作学习有效性的重要因素，教师在思想政治理论课教学第一课就应该让学生了解思想政治理论课的总体内容和教学模式，告知学生将运用合作学习方法进行教学，使学生有一个心理准备。因此，在合作学习之前必须做好学习小组的建立工作。合作学习小组通常由性别、学习成绩、能力、兴趣等方面不同的异质成员构成，小组在构成上应体现一个班级的缩影。在实践中，组建合作学习小组一般应选择学生干部或党员、学习成绩优秀或综合能力较强学生作为骨干，再让其他学生自由组合，尽量让各小组的水平基本一致，体现"组内异质、组间同质"的原则，保证全班各小组间能展开公平竞争。

4. 小组合作学习与交流

合作学习在高校思想政治理论课中的运用是一个复杂的过程，主要包括组内合作学习和组间交流研讨。组内合作学习是小组围绕学习主题共同讨论实施方案，每个组员根据自己的特长承担相应的任务，如组织策划、查阅资料、制作 PPT、总结汇报等，责任落实到人。这种自主、开放、合作的学习过程，能广泛调动学生参与的积极性和主动性，让学生的个人才能得到充分展示，真正实现学习小组的合作互动和共同进步。在小组合作学习的过程中，教师也要实时跟进合作学习小组的学习进程，把握方向，促进合作开展，以保证小组学习的成果，避免半途而废。小组交流是在小组合作讨论后，每个小组推荐一名小组成员参加小组交流研讨，展示他们合作探究的课题成果。在交流研讨的过程中，小组其他成员以主持人、记录人、总结与报告人等不同的身份参与讨论活动，根据情况补充发言。

5. 合作学习评价与考核

为了充分调动学生参与合作学习的积极性，必须形成科学的评价体系，使学生在体验到学习乐趣的同时，更能提高参与合作学习的信心。传统教学的竞争性评价，关注的是个体在整体中的位置，把分数上的"成功"作为衡量学生优劣的唯一标准，不利于大部分学生的身心发展。合作性评价是将"不求人人成功，但求人人进步"作为教学过程所追求的一种境界和评价理念，采用客观记录、组内学生自评、组间互评和教师评价相结合，个人成绩和小组团体成绩相结合，学习成绩和合作态度等品质相结合等方式，使评价从单一走向多元。

第三节　高校思想政治理论课教学语言优化

一、文字意义的沟通作用与要求

文字的运用、说话时所用的语言，对沟通的效果有7%的作用。同样的意思，不同的人去说，或者同一个人用不同的词语、顺序表达出来，效果会有很大的差别。因此，要达到好的沟通效果，就要讲究语言的技巧。思想政治教育的语言艺术，就是传播者在运用语言进行传播时，为了提高语言的表达效果，达到传播目的，在语句合乎逻辑、语法规范、修辞妥帖的基础上，根据传播客体、传播场合等特点，选择使用富有独特、灵活、恰当的语言方式表达思想感情的技巧。这种技巧是把"深层"的思想巧妙地转换成"表层"的语言，使语言有利于客体理解的一种能力。由于高校思想政治课教育对象和教育目的的特殊性，文字运用既要符合语言逻辑、语法规范，又能使人感觉它形象生动，具有一定的艺术魅力，同时还要符合思想政治理论课课堂的基本特征。文字用语须注意以下四点：

（一）准确性

"准确性"是指思想政治教育教师所使用语言应具有科学性与确定性，即所说的话要确切、清晰地表达所要讲述的事实和思想，而不是含糊其词，模棱两可。高校思想政治教育是为大学生思想价值观健康成长服务的，思想政治教育传递的是马克思主义的科学真理，科学的真理需要用科学、规范、准确的语言传播。只有准确的文字语言才具有科学性，才能正确反映思想内容，才能让学生感到不迷惑。

（二）思想性

"思想性"是思想政治教育语言传播的内在要求，是思想政治教育文字语言艺术的本质特征。在教育过程中，需要根据各门课程的特点而采取不同的教育方式和技巧，进而让学生接受教师传播语言中所包含的思想深意。思想政治教育的本质特征就是思想性。思想政治教育，就是一种对思想政治教育的语言进行有效的艺术包装，从而更好地体现其思想性的教育过程。因此，思想性是思想政治教育语言的基本特征。

（三）精练性

"精练性"就是思想政治教育用语要简洁，要简明扼要地介绍思想内容。高校思想政治教育理论课教师讲话要抓住要点、明确中心、推敲文字、精益求精，要坚决避免啰唆和不必要的重复，要干净利落地戒掉套话、空话、废话，才能让学生抓住学习重点。去掉口语中随意添加口头禅的习惯，才能利于和学生的沟通，促进思想政治教育工作内容的传达。言不要多，达意则灵，要以最简练、最明白的语言输出最大的信息量和知识量，使受教育者在最短的时间里获得较多的有用的信息和知识，并以此校正自己思想上的"盲点"，规范自己的言谈举止，化解思想上的矛盾。

（四）情理性

思想政治教育课程要做到"动之以情，晓之以理"，在做思想政治教育工作时使受教育的大学生感到富有人情味，充满亲切感。理，即正确的道理。晓之以理是为了提高受教育者的理性认识，是思想政治教育的一个本质要求。思想政治教育理论课教师要使大学生提高认识，摆事实，讲道理，以理服人是一条最基本的原则。然而，同一个道理，有些教师讲出来能使学生心悦诚服、茅塞顿开，而有些人讲得口干舌燥，学生却无动于衷，原因可能就是缺乏说理艺术。这就要求思想政治教育教师寓理于事，寓理于情，情理交融，将抽象的道理具体化、深奥的理论通俗化，用生动形象的语言让大学生易于接受、感受到真挚和坦诚，让大学生真心实意地接受道理。

为了达到上述要求，教师既需要锤炼语言文字功夫，又需要具备相当扎实的思想政治教育的理论基础知识。在思想政治教育工作中运用生动、鲜活的词汇表达思想感情，精练、准确地运用词、词组及成语、谚语、歇后语、惯用语等。遣词造句既要符合语言规范，又要符合思想政治教育课程的特征。

二、语音语调的沟通作用与要求

过去，我们在教学中，应该说是非常注重文字表述的。各种思想政治教育课程培训也十分强调说的话、用的字及课程内容表达等，但却忽略了语音语调以及身体语言在教学中的沟通效果，忽视了对语音语调和身体语言的关注与设计，以至于课堂教学语言非常单调平淡，影响了课堂效果。接下来，我们谈一谈语音语调在语言沟通中的作用与效果。

语言是语音和语义的结合体，语义的表达离不开语音。虽然我们习惯把注意力放在沟通效果占7%的文字上，但就沟通的效果而言，其实7%的文字也往往接收不足。文字很重要，但决定其效果的是语音语调和身体语言。也就是说，从沟通的效果看，语音语调的确比文字重要。

语音语调会影响学生听觉的接收效果，在引起情绪共鸣上具有决定性作用。我们可以想想，你有十分不开心的事，或者处于完全没有动力的状态中，说话时的语音语调会是怎样的？或者你兴高采烈地宣布打球比赛赢了对方，你的语音语调会是什么样的？因为言语交谈是靠声音传递信息的。语音语调的巧妙运用不仅可以恰到好处地表情达意，而且还可以使语言具有某种特色，从而产生吸引听者的魅力。由此可见，语音语调对文字的配合十分重要。尤其是教师在课堂上想给学生情绪上共鸣的感觉时，注意语音语调对文字的配合会最快产生效果。语音语调的配合，最能做到情绪上的共鸣。语音语调可以分为四个方面：高低调、大细声、快慢速度及说话语气。良好的配合是四个方面都照顾到。

一个长期高声、高调和快速说话的人，会使学生内心不安、抗拒、烦躁和逃避；而一个长期低声、低调和缓慢说话的教师，会给学生一种无力和沉闷的感觉。所以，教师要注意根据教学内容的变化调整语音语调，让教学语言抑扬顿挫，有节奏感、清晰而有变化，说起来顺口，听起来悦耳，这样能引起学生的兴趣，加深学生的印象，从而提升思想政治教育课程的课堂效果。

三、身体语言的沟通作用与要求

在了解"文字意义和语音语调"在沟通效果上的作用后，我们再看看身体语言在沟通中的作用。在沟通效果上，身体语言所能达到的效果比语音语调又高了一级，身体语言会影响学生视觉的接收效果，在引起学生思想共鸣上有决定性的作用。当文字意义与语音语调或身体语言不配合时，对方选择的会是语音语调和身体语言，而不是文字的意思。当语音语调和身体语言不一致时，对方会产生很多疑惑（38%与55%，都是很大的分量）。这就说明，身体语言在思想政治理论课课堂教学中具有至关重要的作用。

身体语言大致上可分为四个方面：站姿、手势、头的位置和动作、面部表情等。身体语言与口头语言互相配合，会取得更好的沟通效果。

人类学家霍尔（E. T. Hall）指出：无声语言所显示的意义要比有声语言多得多，而且深刻得多。这里的无声语言就是指身体语言。思想政治教理论教师在授课时，固然需要运用文字语言，然而并非时时刻刻都依赖文字语言。如果把文字语言行为比作"红花"，那非文字语言行为则是"绿叶"。如果思想政治理论课教师将身体语言运用得及时、巧妙，它将同文字相得益彰，在思想政治教育过程中发挥奇妙的作用。

身体语言不是以自然语言为工具和手段，而是以人的身体动作等多种非语言方式为信息载体。身体语言在思想政治理论课课堂上主要表现为：教师通过自己的眼神、动作等非言语行为和辅助言语行为，将一定的思想观念、政治观点、道德规范等信息内容传播给学生，从而达到教育培养和训练学生思想品德的目的。

现在我们介绍一下思想政治教育教师可经常使用的几种身体语言：

一是体态语。体态语是指全身各个部位的动作、姿态所表达的信息含义。思想政治理论课不同于其他课堂教学，主要传播的是精神、情感。由于思想政治教育课程中的理论内容本来就比较枯燥，如果教师保持一个姿势在讲台上做僵硬的信息传声筒，或者做高高在上的政策宣讲者，都会使学生对思想政治理论课产生厌倦，心生抵触，所以，思想政治理论课教师更要注重体态语的运用。

现在高校思想政治教育课的课堂教学已广泛使用多媒体教室，这使得部分教师往往坐或站在多媒体设备前，他们更多关注的是使自己的教学内容与多媒体课件保持同步，忽视了体态语言的作用，使得整堂课与学生交流的载体只限于屏幕上的课件和喇叭中传来的教师的声音，极大地影响了师生之间信息的有效传递。因此，教师授课时可在学生间走动，拉近和学生之间的距离，以加强师生间的交流；教师可挺直腰板，表现出情绪高昂、热诚投入教学工作的形象；可肩部平稳、头部昂起，表现出尊严和精力充沛的形象等。这些体态语既能塑造教师的形象，提升教师的魅力，又能渲染课堂气氛，增加传递信息的吸引力，增强课堂教学的效果。

二是手势语。手势语是指通过手势来传递的信息。手势语对思想政治宣传教育的作用可从列宁身上得到证明。列宁演讲时会用手势烘托语言，彼此融为一体。他精神饱满，边讲边生动地打手势，随着思路的拓展，时而俯身，时而后仰，尽力把自己的论据深刻地灌输到听众的头脑中。手势的动作恰到好处地配合着语言，把烈火般的思想倾注到人们的心坎里。可见，手势语对思想政治教育课程而言是非常重要的宣传教育工具。

三是表情语。表情语是通过表情传递的信息。思想政治教育课所传递的信息具有人文关怀的性质。人文关怀的信息传递不能缺少丰富的表情，所以，在思想政治教育课堂教学中，教师的面部表情应根据教学内容的改变而改变，或严肃或微笑，使教学过程在协调、愉快的气氛中顺利进行。教师如果整堂课毫无表情，学生会感到望而生畏，与教师感觉生疏。教师如果表情过于丰富夸张，也会让学生感到哗众取宠，失去思想政治教育课程的严肃性。教师的微笑要注意能体现出自己的内在涵养，既要让学生在微笑中感到被尊重和关爱，又不至于使其感到过分虚假。

身体语言在思想政治教育课堂中的使用具有很重要的作用，但并不是说教师可以随意使用身体语言，它要求教师能够正确、合理、规范地运用它。对思想政治理论课教师来说，在课堂上合理使用身体语言应该遵循以下四个原则：

第一，实用原则。由于思想政治理论课是比较抽象的思想教育课程，不能像其他学科课程教师那样借助物品化的教具，更需要讲究身体语言行为和言语表达含义的配合。这就更要求思想政治教育教师在运用身体语言时做到有的放矢，要对身体语言和言语行为搭配的方式、各种身体语言之间的关系进行深入的了解，准确把握思想政治教育课堂情境，及时灵活地选择恰当的身体语言行为。

第二，得体原则。这就要求教师的身体语言不能违背本民族、本地域的礼仪规范。由于不同民族、不同地区的人所遵从的礼仪规范有差别，更由于"规范"本就是思想政治教育课程的要求，因此，思想政治教育教师在运用身体语言时更要注意这个方面。

第三，控制原则。控制原则对思想政治教育教师尤为重要。由于思想政治教育课是公共课，往往有些学生不够重视它，常会出现迟到或者上课干其他事情的情况，教师一进教室发现上课有这些状况，情绪立刻有变化，或火冒三丈，或情绪低落，这些情绪的变化很容易从其身体语言行为中被学生发现，影响课堂教学。控制原则要求教师把不利于课堂教学的身体语言行为掩藏起来。教师对学生非常生气时，也要进行适度控制。

第四，遵循美感原则。教师角色从某种程度上是表演家，其言谈举止要遵循美感原则，给学生以美的感受。思想政治教育课对教师"表演"的要求要比其他专业课程更高，教师的每一次身体语言行为的使用都是与其内心的思想、情绪紧密联系的。每一堂思想政治教育课都该是一场出色的演讲，因此要遵循美感原则。思想政治教育教师要努力加强艺术修养，使教学中的身体语言行为富有审美的韵味，同时，要尽力克服已形成习惯的背手、叉腰等身体语言行为。这些行为既破坏了课堂"表演"的身体语言行为的连续性，又干扰了语言的表达。这就需要思想政治教育教师能有意识地进行一些行为矫正和教学体态学习训练，以使自己的身体语言行为优美、得体、自然大方，达到形神统一的行为美的要求。

在思想政治教育课堂实践中，存在这样的现象：同一堂课，同一个内容，同一群学生，甚至是同样的教案，有的思想政治教师把握起来得心应手，异彩纷呈；有的教师则搞得死气沉沉，味同嚼蜡。仔细分析不难发现，其根本原因是一些教师忽视了影响沟通效果的一些综合因素。

沟通了没有效果，说过的话又有什么意义可言呢？对方不听不理睬，说得再对也没有用。所以，教师说得多么"正确"没有意义，学生接受什么才重要。话有很多种方法说出，能使听者完全接受或大部分接受讲授者意图传达的信息的方法，便是正确的方法。说话的方法由讲者决定，但效果由听者决定。改变说话的方式，才有机会改变收听的效果。

一个人不能控制另一个人，不能勉强对方接受自己发出的信号。只强调做法正确或者有道理而不顾是否有效果，是在自欺欺人。没有效果的道理需要加以反思，有效果和有道理往往可以并存，只追求有道理但无效果的课堂，难以说是成功的。

良好的沟通效果是教师的目标，所以，教师不能一味强调自己说得对，而是要不断改变沟通方式，直至所期望的回应出现。然后，应继续这个沟通方式，保持良好的沟通效果。如果有一天所期望的回应消失了，便要不断改变沟通方式，直到理想的回应重新出现。思想政治教育课堂上，常常出现教师在讲台上讲道理，而学生在下面睡倒一大片或者低头玩手机的现象，所以，教师要更新观念，因为沟通的效果取决于学生的回应。

教师要针对学生的不同信息接受模式，综合运用好各种沟通方式。

如果学生常用的内感官类型是听觉型的，会较多地注意教师的语音语调；如果学生是视觉型的，会选择相信教师的身体语言。所以在课堂上，教师在教学内容的讲授中，如果采用恰当的语调、语速和身体语言配合文字，情绪高昂、感情充沛，面带微笑，适当地抑扬顿挫配上手势，就可以取得良好的教学效果。这些效果体现在以下三个方面：

一是更准确地使学生理解教学内容。有研究发现，进入角色、感情充沛的教师，其姿态更容易使学生感受到他的情绪，可帮助学生自觉掌握讲授内容的精神实质。从心理学角度讲，大学生的思维特点有三种接受信息模式，所以，多种形式的信息能同时满足各种学生接受信息的模式，可以刺激大脑两半球同时活动，使抽象思维与形象思维得到和谐的统一，从而使其对内容的理解更深刻，记忆更牢固。高校思想政治教育教材改版后，对课堂教育提出了更高的要求。在有限的时间内，帮助学生理解消化教学内容，只使用有声语言是不够的。思想政治教育课的教学内容，侧重的是对学生思想素质和情感意志的培养，教师语言的感染力比其他学科显得更为重要。

当教学内容涉及情感成分深厚的观点时，比如人生观和人生理想，如果教师动作呆板，神情失落，势必导致课堂气氛沉闷、枯燥，自然会降低学生学习的兴趣。但如果教师恰当地运用非言语行为，如柔和的微笑、丰富的眼神、有表现力的手势等，就会增强潜移默化的效果。

二是更有效地使教师进行课堂管理。教师能凭借语言讲授教学内容，可以通过身体语言对学生实施某种程度的管理。曾有比喻说："组织课堂教学，一流的教师用眼神，二流的教师用语言，三流的教师施以惩罚。"这可谓道出了课堂管理模式的真谛。身体语言是先于规则和纪律的无声惩罚，合理使用可防止课堂违纪行为的升级和负面作用的扩散。有经验的教师都能成功地运用眼神、手势制止学生不利于课堂沟通的行为。

高校思想政治教育课在一些学生意识中不被重视，他们上课的积极性本来就不是很高，容易走神，或睡觉，或看手机，或戴耳机听音乐，或讲小话，做干扰讲课的事情，若不及时制止，就会直接影响课堂效果。而大学生自尊心又极强，假如直接用言语对其进行制止，既会打断课堂教学进度，又会伤害学生的自尊心，有时甚至会引发更大的矛盾冲突。教师可以使用身体语言，以目光暗示、走近学生用手势加以制止，让这些学生自己停止与课堂无关的活动，把注意力集中到课堂上。

三是更准确地使教师把握反馈信息。人的身体语言可以传递更多被人刻意遮掩的信息。言语是思维的工具，可以被人的思维有意识地控制；而非言语行为则具有很高的随意性，许多下意识的行为，有其生理原理和生理基础，如激动时心跳加速，窘迫时满面绯红，这些生理反应很难靠个人意志控制。因此，身体语言具有十分突出的真实性特征，是人内心真实思想和情感的外化。

思想政治教育课讲授和其他专业课讲授的不同之处还在于，思想政治教育教师传递的是精神层面的信息，不是靠作业就可以判断出授课效果的，从这个意义上说，课堂上及时获取反馈信息对思想政治教育课尤为重要。因此，课堂上信息的传递是否畅通，学生是否理解和接受教学内容，教师都需要及时从学生身上获得反馈信息，继而对教学进行适当调整，这样才能保证课堂教学取得预期效果。

综上所述，思想政治教育课堂教学是宣传教育马克思主义的主阵地，也是传播人文知识，培养和提高学生人文素养的重要场所。教师只有在了解学生接受信息模式及其心理特点的基础上，针对不同学生群体，对教学语言模式进行优化创新，综合运用各种沟通手段，把精确的语言表达，合适的语音语调和鲜活、合理、得体的非言语行为结合起来，让课堂变得生动、活泼，才能让学生在愉快、轻松的状态中学习，从而提高思想政治教育的实效性。

第三章　高校思想政治理论课教学方法的选择

第一节　情境式教学：实现主导性和主体性的统一

一、情境式教学方法的内涵与特征

我国高校人才培养的总目标是培养德智体美劳全面发展的社会主义建设者和接班人。也就是说，高校要对大学生进行政治素质、人文素质的培养，这自然离不开思想政治理论课的主渠道作用，发挥思想政治理论课主渠道的显性作用，提升教育水平，增强教育效果，显得更为重要。

（一）情境式教学方法的内涵

情境式教学是我国近年来在高校思想政治理论课上较多采用的一种教学模式，是适应时代发展潮流、符合大学生身心发展要求的，是学生积极主动学习的过程，强调以学生为主体，强调学生在学习过程中实现对所学理论的认同并转化为价值认同。

情境式教学作为一种新的教学理念的教学设计，是为了达到特定的教学目标，而对学习什么、怎么教学、达到什么教学效果进行的教学策划与构建。所谓情境式教学，指的是在教学过程中为了达到既定的教学目的，从教学需要出发，营造或创设与教学内容相适应的氛围或场景，引起学生的情感体验，帮助学生迅速而正确地理解教学内容，促进他们的心理机能全面和谐地发展。它是一种特定的师生交往方法，主要以师生之间或学生之间的互动参与行为作为基本教学活动方式。情境式教学方法是在强调学生主体性和个体差异性的原则上，倡导学生参与教学过程，鼓励学生积极主动为教学设计出谋划策，实现教学设计多样化与互动化，进而提升教学效果，力求达到提高学生综合素质、促进学生健康和长远发展的目的。情境式教学通过问题情境或现实情境的创设，帮助学生在探究实践或解决问题的过程中自主地理解知识、建构意义，运用具体生动的场景，以激发学生主动的学习兴趣、提高学习效率的一种教学方法。也就是说，情境式教学使学生更加注重学习步骤、学习方法和学习过程，注重学生获得知识的途径和能力的培养。这种教学方法不是不注重结果，只是更加强调在过程中获得结果。教师在教学过程中对学生起到引领、帮助、促进的作用。情境式教学的根本特征是主体性，它的运用既符合现代教学理念的创新，同时，也符合思想政治理论课教学的本质认识，更符合学生思想认识发展规律。

必须指出的是，思想政治理论课情境式教学对转变思想政治理论课教师教学观念和学生学习观念，对激发学生学习兴趣、获得具有吸引力的思想政治理论课教学效果、提高大学生的综合素质、提升高校教师的教学水平及增进高校师生之间的情感交流具有十分重要的现实意义。因此，思想政治理论课要想成为深受学生喜爱的课程，实现教学目标，情境式教学无疑是一种创新的教学方法。

（二）情境式教学方法的特征

情境式教学方法相较于传统教学方法有着明显的特征，主要表现在以下三个方面：

第一，教学主体由单一的教师主导转移到师生互为主客体。在情境式教学背景下，由原来传统教学过程中以教师为主体转向了师生成为相互平等、共同参与教学的主客体。学生可以敞开心扉、沟通交流，将理论知识内化于心。教师依据教学目标和教学内容，对整个教学过程进行组织设计，教师需要思考在教学过程中如何更好地引导和启发学生进行学习，激发学生的学习兴趣和热情，不断促进学生朝着教学目标的方向发展。

第二，教师由单纯的知识传授转换为组织引导。在情境式教学中，教师不仅仅是知识的传授者，更是教学的组织者和调控者。由于思想政治理论课具有严肃的政治性和意识性等特殊性，因此，决定了教师依然是教学的主导者，教师的教学责任依然十分重要。教师在情境式教学中，要根据教学目标和学生在互动中反馈的信息，适当调整教学内容和教学环节，引导学生按照预先设计的教学过程参与学习，避免课堂教学管理失控。

第三，学生学习由被动灌输转变为主动参与。情境式教学方法最主要的特征是鼓励学生积极主动地融入教学活动，参与到教学过程中，成为教学的主体，从而体会自主学习的乐趣。在情境式教学下，通过沟通交流、分享体会学习经验，学生会激发自己浓厚的学习兴趣，获得满满的成就感。同时，通过情境式教学的互动，不仅能使学生善于发现问题、解决问题，还能使学生的实践能力得到锻炼和提高，培养他们合作学习的团队精神。

二、情境式教学方法应用于思想政治理论课教学实践的逻辑前提

（一）顺应高校思想政治理论课教学改革的趋势

在全球化的大背景下，在社会转型中出现的一些消极现象和西方各种社会思潮的冲击下，高校青年学生思想中出现了一股个人主义、利己主义暗流。长期以来，我国高校思想政治理论教育形成了较为固定的授课方式，即"以教师为中心、以课堂为中心、以教材为中心"的"一言堂"的传统教学方法，但随着时代的发展变化，传统教学方法的弊端日益凸显。在新形势下，为了提高教学质量和教学实效性，就要不断改革教学方法，不断创新和发展。思想政治理论课对培养当代大学生成长成才承担着重要责任，因此，思想政治理论课的教学改革势在必行，情境式教学方法给高校思想政治理论课的教学方法改革带来了全新的思维视角。高校思想政治理论课历来受到国家的高度重视，高校投入了大量的时间和精力，通过各种手段进行教学改革，试图提升教学质量，增加学生的获得感，但传统教学以"教师为中心"的教学方式，已经不能满足学生的多元化需求，填鸭式的灌输教学方法单一，缺少师生互动，课堂缺乏吸引力，学生在思想政治理论课课堂上参与度不够，热情不高，很难与教师产生共鸣。另外，思想政治理论课大多数采用大班授课，课堂教学缺乏针对性，教师对学生的思想状况一以概之，忽略学生的差异性，同样的教学内容适用于不同专业的学生，缺少实效性，很难提

升教学质量和学生的获得感。因此，采用情境式教学方法可以突破传统的教学方法的限制，为思想政治理论课教学方法改革提供全新的视角，提供一种可选择的方案。

（二）培养高素质学生的必然要求

在新形势下，国家和社会对人才的综合素质的要求不断提升，尤其要求大学生应具有良好的思想政治素养。当代大学生是在改革开放事业走向深入，在国家经济社会快速发展，同时各种矛盾冲突凸显、价值观念不断碰撞、网络信息突飞猛进的时代成长起来的新一代大学生，他们是有思想、有个性，但又存在信仰迷失、思想迷惑问题的一代人。面对这样的群体，如果还是简单地运用传统的教学方法是远远不够的。同时，在社会发展过程中，大学生会接触到各种新的思想和观念，当接触到越来越多的不同观念，面对良莠不齐的社会现象和观念时，学生如果没有良好的素质就很难明辨是非。思想政治理论课具有鲜明的阶级性和价值取向性，通过理论的学习，对学生的思想和心理施加影响，引发学生认知的变化和思想境界的提升，形成正确的思维方式、价值取向和独立人格，使学生具有符合国家意志的思想政治素养。思想政治理论课不只是知识的简单记忆和重构，而是在知识学习的基础上，构建学生的精神世界，这个过程不会自然形成，也不会在外力作用下被迫形成，而是内心世界对外界信息刺激的接受和认同。因此，在教学过程中，教师可以采用情境式教学设计，组织一些教学活动，有目的地对学生进行引导。教师需要在教学的各个环节中坚持理论联系实际，使学生以主体的身份参与教学过程，调动学生学习的积极性和创造性，激发学生学习和思考的兴趣，用学习的理论和原理分析问题、解决问题和发现问题。这些问题能够让学生在思想交流、交融甚至碰撞中明辨是非，形成独立之思想、批判之思维和独立之人格，从而提高学生的素质，这是培养高素质人才的必然选择和要求。

（三）提升思想政治理论课吸引力和实效性的需要

高校思想政治理论课是对大学生进行马克思主义理论和思想政治教育的主渠道和主阵地，在高校思想政治理论课教学中，实效性是其生命线，而作为传播、宣传马克思主义理论成果的思想政治理论课教材体系，有其严谨的甚至是枯燥的

"文件语言"表达方式或"模式化"和"权威性"的话语体系，所以，在传统的教学体系中，我们一直比较盲目乐观地夸大理论理性的力量，并相信只要凭理论的科学性、真理性，就能解决学生面对的精神动力不足的问题，但事实上，仅凭空洞的说教，哪怕是很高明的权威的说教都不能够使学生对思想政治理论课产生学习兴趣。同时，当前我国高校思想政治理论课教学普遍存在合班讲大课的授课方式，课堂教学效果大打折扣。由此可见，高校思想政治教育的实际情况，并不能满足新形势下国家和社会的迫切需求，对学生的长远发展也有较大的影响。特别是随着全球化的不断发展，越来越多的思想和价值观念不断涌入，影响着大学生的思想意识，各种繁杂社会信息通过日益强大的媒体不断传播，不断冲击着社会大众的心理，在一定程度上也对大学生的思想和价值观念造成了影响，思想政治理论课的实效性面临着严峻的挑战。因此，教师通过在教学中采用情境式教学方法，能够增强思想政治理论课程的知识性、新颖性和趣味性，给枯燥、刻板的理论教学带来灵气，真正使得教育者与受教育者融为一体，使马克思主义理论真正走进学生的头脑和内心，使思想政治理论课成为学生真心喜爱、受益终身的课程。教师用"晓之以理"的方式把正确的认知传授给学生，学生的心灵才能受到感触，学生才会接受认知，才会坚定意志、信念，追求正义和真理，把内在的品德化为自觉的行动。学生主动参与、亲身参与，通过讨论、交流、审视、比较、辨别和理性选择，能形成正确的认知和观念，从而取得理想的教学效果。

（四）提高思想政治理论课教师素质和教学质量的必然选择

教学质量是教学的生命，提高教学质量的关键是教师的能力和素质。在高校思想政治理论课开展情境式教学改革，对教师的知识素养、管理能力、信息化水平等提出了更高的要求。思想政治理论课课程情境式教学设计的运用和实践，可以让教师拓展知识和能力的发展空间，提升教师的业务素质，充分调动教师的教学积极性。同时，教师在情境式教学工作中不断总结和推广成功经验并及时纠正和改进教学工作中存在的不足，不断探索和尝试新的教学方法，积极推动思想政治理论课教学方法的改革，能营造积极的、注重教学、热爱教学、追求卓越的氛围，促进思想政治理论课教学质量和水平的不断提高。情境式教学方法作为一种新生事物，强调大学生积极主动地学习，目的在于提高学生的学习兴趣，这就要求教师要重新定位角色，由知识的传授者变为学习的引导者、促进者，加强人文关怀，体现思想政治理论课立德树人的本质要求。这也使得高校思想政治理论课教师面对巨大的挑战，教师要顺势而为，积极提升自身综合素质，满足教学对象的需求，打铁还需自身硬，高校思想政治理论课教师要有时代使命感，注重自身教学能力的提高，从而确保教学的高质量和高效率。

三、情境式教学方法在思想政治理论课教学实践中的正向效果

（一）增强了教师的主导性

在教学过程中，教师的作用是非常重要的。思想政治理论课的教学效果如何，教师起着关键作用。情境式教学模式的特点是教师应注重拓宽学生的视野，激发学生的学习兴趣，最大限度地提高学生的学习能力。因此，教师应改变传统的教学理念，改变"教师讲学生听"的灌输式教学方式。在课堂教学中，教师要平等对待学生，以学生为本，以教学内容为核心，引导学生思考，积极参与教学，师生共同交流讨论。同时，教师要引导学生关注时事和社会问题，并通过对时事政治以及社会问题的了解与思考，做到具体问题具体分析，将理论与实际结合起来，培养学生的历史思维和国际思维，分析、感悟问题的真正意义，从而培养学生辩证、客观、理性地分析问题和解决问题能力。与此同时，思想政治理论课教师在开展教学时，要学会用人文教育与人文关怀教学理念创设思想政治课教学情境，营造良好的教学氛围，更好地吸引和集中学生的注意力，让学生感受到教师的真挚情感，引导学生树立积极、正确的思想道德观念和政治观念，增强大学生的集体荣誉感和爱国主义情怀。

（二）激活了学生的自主性

在教学过程中，学生是学习的主体，是教学对象。情境式教学模式改变了传统的教学方式，创造了新的教学方法。教师与学生交流合作，共同创造平等、生动、活跃的教学环境，这是提高思想政治理论课的吸引力、感染力的主要途径。这一教学方法要求学生必须具有一定的自主学习能力，课上、课后积极配合教

师工作，积极查询资料、组成讨论小组，完成各项任务。情境式教学方法的运用对提高学生学习思想政治理论课具有针对性和亲和力，如果实施方式得当，教师与学生都会体会到共同学习、共同进步的乐趣。为激活学生的学习自主性，教师应创新考核评价方法。对大学生思想政治理论课参与意识的考核，思想政治理论课教师应做到学生自我评价与任课教师评价相结合，学生个体评价与学生之间互评相结合，课堂表现与平时操行相结合，从而调动学生学习的积极性和主动性。思想政治理论课的教学内容比较抽象、理论性较强，如何在教学中提高学生学习思想政治理论课的积极性、主动性，激发他们的学习兴趣和自主性是非常关键的因素。

四、情境式教学方法在思想政治理论课教学实践中的创新路径

传统的思想政治理论课教学方法缺乏实效性的一个重要原因在于教师向学生实施单一向度的教育，缺乏平等的双向交流与沟通。情境式教学方法能够实现师生间的交流与沟通对话，师生才可能向对方敞开心扉、彼此接纳、无拘无束地互动交流，才能切实解决学生的实际思想问题。

（一）情境式教学方法创建的三个原则

1. 开放性原则

当前大学生在思想政治理论课学习中最突出的困惑是"为什么学"。以学生为本，就是要以情境式教学为切入点，从学生的思想实际和需要出发，"在行中学"与"在学中行"相结合的素质教育与科学育人模式的教学活动，使学生在学习过程中感受理论学习的魅力，认识到马克思主义理论学习对其社会适应能力的影响，对个人成才的重要性，从而提高其学习积极性。

2. 交互性原则

有效的学习是教师和学生、学生和学生之间的交流过程，也是教师、学生、教学资源三者之间交互促进的过程。教师、学生、教学资源三者的相互促进能够促使学生不仅收获理论知识，而且在能力上也得到极大的提升。情境式教学方法

的运用必须为学生提供相互交流的、协作的学习环境，如鼓励学生通过讨论小组知识共享、经验交流、协作对话等完成互动，同时，教师应充分研究和利用教学资源提供讨论主题，提供互动途径，引导学生积极参与讨论，教师及时提供反馈信息完成互动。

3. 主体性原则

思想政治理论课课程教学资源不仅仅是信息的堆积、展示，也不仅仅满足学生的被动学习，而是希望学生能够主动学习，从而做到思想政治理论课教学内容入脑入心。通过设计各种教学情境满足学生的学习需求，做学习的主人，要做到这一点，就必须创设各种丰富多样的学习情境，进而营造浓厚的学习氛围，引导学生沉浸其中，取得较好的教学效果。

（二）情境式教学方法创建的三个情境

1. 创设虚拟情境

所谓创设虚拟情境就是在教学过程中，模拟某种具体的或典型的场景，让学生对模拟情境中展示出来的问题情境进行思考、评析，从而通过创设问题情境，让知识与学生的日常经验发生互联，引发学生新旧思想观念上的碰撞，并激发学生的好奇心和求知欲。当前，中国处在社会转型期、改革攻坚期、矛盾凸显期，学生对社会转型期的社会现象和矛盾的思考会形成很多问题和困惑。能否正确认识和理解这些问题，直接关系到学生对思想政治理论课的认同度和思想政治理论课的实效性。因此，思想政治理论课要通过创设问题情境，培养学生的问题意识，并参与其中展开教学。例如教师可以通过设问、提问、讨论等方式创设情境。设问就是教师设计问题情境，让学生带着问题随着理论的展开寻找答案，学生由迷惑到明白的过程就是学习和掌握马克思主义理论的过程。提问就是针对讲授的理论向学生提出相应的问题，再引导学生正确地认识矛盾和问题，有针对性地解决学生的思想困惑和错误认识。讨论就是针对热点问题，通过专题讨论，让学生在争辩中加强正确认识，纠正含糊认识，改正错误认识。学生在情境式教学中，通过查找资料学习了理论知识，通过争辩形成了辩证的思维方式，通过思考形成了正确的世界观和方法论。创设虚拟问题情境，还创造了学生参与民主教学的氛围，提升了教学效果。

2. 再现真实情境

所谓再现真实情境就是把已经发生的事实经过组织重新呈现出来的教学过程。这种呈现不是简单意义上的举例说明或者完整复述事情的经过，而是要求教师必须将各种细节以恰当的方式呈现，比如语气的变化、动作配合，还要加强多媒体手段的渲染，引起学生的重视，让他们产生身临其境的感觉，从而让学生对事实的始末有较为详细的了解，并能做出合理的判断和对事情的剖析，达到更高的理论上的要求。之所以强调再现情境，不仅仅因为它有助于学生了解事实，也因为精彩的呈现能够吸引学生的注意力，这在日常课堂教学中十分重要。因为在教学中，教师常会列举一些古今中外的事例论证某个观点，如果教师能够对这些事例和故事进行精细加工，并以各种手段进行讲述，必然会取得意外的良好效果，甚至会吸引上课不注意听讲的学生重新关注课堂教学内容。

3. 构建现场情境

所谓构建现场情境就是在课堂中以组织活动的形式或以突发情况作为事例进行教学的一种设计。现场情境的设计考验着教师的组织能力和应变能力，如果这个手段和设计能够运用得当，既能活跃课堂气氛，拓展教学内容，又能训练学生的思维能力，提高学生分析问题和解决问题的能力。教师在课堂中可以采用以下三种形式创设现场情境：

（1）课堂辩论

课堂辩论就是教师根据课程教学内容，联系现实生活中的实际问题列出辩论题目，让学生在班级内以小组为单位选择辩论主题，通过小组成员课后查阅资料、小组讨论、撰写辩论提纲后，在规定时间进行辩论。这种教学设计一方面考核学生对基本理论知识的掌握状况，引导学生主动运用所把握的基本立场、基本观点，认识、分析和思考、解决问题；另一方面又考查了学生的自学能力、采集和处理信息的能力、分析判断能力、语言表达能力、合作交流和创新能力等综合素质。

（2）学生模拟教学

学生模拟教学设计就是选取教材中的某一个专题或某一章节的部分内容组织学生开展模拟教学的一种形式。在教学专题及教学内容的选择上，教师应充分考虑学生的实际状况，选择理论与实际相结合的教学内容，用学生有切身体会的事实和案例等，启发学生积极思考。教师需要提前把这项工作布置给学生，让学生有充分的时间收集资料，准备课程，同时教师要进一步设计好引导问题和总结环节，以利于学生更加深刻地理解教学内容，深化理论上的理解。这样的教学模拟活动，可以强化学生学习理论的主动意识，从而实现思想政治理论课"三进"的教学目标。

（3）分析课堂现场的突发情况

在我们日常的教学过程中，会遇到一些突发情况，比如有的学生提出的问题教师没有任何思想准备，一时无法回答。针对这一情况，教师应避免仓促回答，可以首先承认自己暂时无法提供合理的答案，并适时地把问题引向其他学生，让大家围绕这个问题进行讨论。即使没有获得答案，但是讨论过程本身就是一次有趣的思想经历，学生在这个过程中，会碰撞出精彩的思想火花。

（三）情境式教学方法创建的三个实现

1.完善情境式教学设计，实现思想政治理论课育人有温度

第一，关注热门话题和学生特点。以当下最热门的话题及时事热点为话题，导引出课程内容。在充分理解教学内容的基础上，以教学目标为核心，设计规划教学内容，并要充分了解学生的知识程度与接受能力，选择适合学生的课题展开讨论，使每一个学生都参与其中。教师既要让学生了解到更多书本之外的知识，又要调动学生学习的积极性，引导他们充分表达自己的所思所想，达到主动思考之目的。第二，根据学生的个性及专业特点，合理安排课程讨论学习内容。根据学生的性格特点，合理安排学习小组，尽量让性格偏内向的学生与性格外向的学生组合在一起，增强学生团队意识，合理分工讨论学习内容，互帮互助，取长补短，达到学生参与学习的目的，力求教学效果最大化。

2.拓展情境式教学内容，实现思想政治理论课育人全方位

第一，细致设计教学内容。在课堂上，教师应结合教学内容，细致设计教学方案，突出重点难点问题。例如可以通过提问的方式复习上节课所学内容，进而引入新的教学内容；或引用名人名言、哲理故事等阐释相关教学内容。根据不同教学内容，具体问题具体分析，选择不同的教学方式，例如专题参与、辩论参与、案例分析参与等，多角度切入，多方式设计。

第二，掌握课堂节奏。根据教学内容的具体情况，学生是学习的主体，教师是学生学习的引导者。在课堂上，教师要针对教学内容认真设计教学参与和研究的论题，引导学生思考，使其更加准确理解学习内容，耐心指导，掌控课堂教与学的节奏，使其更好地认同与理解思想政治理论课的教学意义，从而取得优良的教学效果。

3.提高教师的能力素质，实现思想政治理论课育人主动性

在教学过程中，教师既是教学的组织者，又是参与者，教师应不断提升自身的能力，通过不断加强理论知识学习和研究，将自己的实践经验与理论学习研究的成果结合起来，并对教学内容进行合理的整理与分析，以扎实的理论为基础，分析研究教学内容要求，以丰富多样的教学形式，将教学内容展现在学生面前，以促进学生更容易进入学习状态，更加彻底地接受教学内容，将抽象深奥的理论转变为深入浅出、通俗易懂的学习内容，这需要教师具备多方面的综合素质能力。思想政治理论课教师只有对有关理论有深入的研究，才能真懂，只有真懂才能真信，只有真信才能真用，只有真用才能把思想化为日常的言语行动，把理论转化为自身的政治素质，才能潜移默化地影响学生。同时，为了不断提升思想政治理论课教师的能力素质，还应建立长效的思想政治理论课教师能力提升机制，加强教师能力培训，如进行理论培训、专题培训、心理学和教育学培训和信息化培训等。

在思想政治理论课教学中，单纯的理论教育形式严重缺乏学习趣味性，对激发学生的学习兴趣，提高学习效果，具有非常直接的影响。因此，在教学形式上，教师应当建立有趣味性及情境式的教学方法，鼓励学生发展成为学习上的交

际型人才。教师在鼓励学生参与课程学习时，可以锻炼学生的团队合作、语言表达等能力。通过理论与实践相结合的教学方法，在设计的模拟情境中，通过教师的适当引导，学生在理论学习过程中，能够自发进行学习和深层分析，真切地体会理论的吸引力和感染力，其效果要比教师的一味讲授好很多，因此，应当把鼓励学生主动参与学习作为重点教学目的，通过教师的合理设计参与的论题，平等交流，沟通学习经验和方法，更好地提高学生的学习积极性和互动性，激发学生学习理论的热情和兴趣，从而全面提升教学效果。

五、情境式教学方法在思想政治理论课教学实践中实施时应注意的问题

思想政治理论课情境式教学方法的运用，有利于教师和学生进行交流、沟通，会让整个课堂活跃起来，有利于激发学生的兴趣，吸引他们的注意力，有助于他们思维能力的训练和培养，更有利于提升思想政治理论课的感染力和吸引力，但运用思想政治理论课情境式教学还应注意以下相关问题：

（一）教学设计要有针对性

情境式教学设计必须根据教学内容的要求，针对不同的教学条件和不同专业、不同班级学生的不同要求，有选择地安排不同的情境式教学设计形式和活动，因此，教学内容的设计要针对现实，突出时代性。由于社会的发展性、现实的复杂性和学生的差异性，教学内容每年都要发生变化，这就要求教师必须精心策划和设计每一次教学活动，要求教学活动内容必须紧扣时代主题，紧密联系现实生活和社会中的热点问题。同时，情境式教学设计的教学内容还要充分考虑不同专业、不同班级学生的不同要求，在教学目标一致的情况下，突出选择性。虽然实施起来有一定的难度，但由于思想政治理论课一般都是大班授课，学生人数多，学生的需求差异性较大，为了突出教学效果，教师必须打破常规，和学生共同商量、讨论，确定能够贴近、关注学生的选题供学生选择、参与。

（二）教学设计要强调理论与实际的联系

思想政治理论具有抽象性、理论性，同时又是关乎社会、现实的问题，具有时代性和现实性的特征，因此进行情境式教学设计时必须做到理论联系实际。现

在的大学生有思想、有个性，不愿意或者厌烦枯燥的理论说教，在情境式教学设计时，在内容安排、资料选取方面要注重联系实际，特别是学生的实际。通过运用现实的、真实的案例为他们解疑释惑，使学生切实感受到理论的魅力和价值，使思想政治理论课"活起来""火起来"。

（三）教学设计要突出学生的主体地位

长久以来，思想政治理论课教学形成了单向的、机械的灌输，挫伤了学生学习这门课程的积极性。同时，思想政治理论课讲授的内容中不少是学生已经了解或似曾相识的内容，如果教师仍不厌其烦地介绍，就会造成知识的重复，会使学生提不起兴趣。另外，有的教师讲授的内容和学生的实际以及学生关心、关注的问题不一致，使得教学失去了吸引力和活力，因此，为了讲好这门课，教师必须在教学设计上实现角色的转换，要让学生参与到教学过程中，教师要由原来的控制者向引导者转变，积极发挥学生的主体意识，真正让学生成为教学的主角。这需要教师了解学生的知识结构和思想特征，在情境式教学设计上以学生积极参与为出发点，增强学生在教学中的参与程度，增加师生之间的交流互动，在教师的组织和引导下，让学生主动思考、分析、讨论、研究，从而实现教学目标。

（四）教学设计要有情感因素的融入

思想政治理论课程不同于自然科学类课程，讲授这门课程不仅是传授知识的过程，更重要的是培养情感、充满人文关怀的过程，思想政治理论课的教学设计除了要以理服人，还要以情感人，要注重情感因素在教学中的运用。情境式教学设计实现了师生之间的互动教学，营造了一定的情感情境。因此，情境式教学设计活动需要教师加强情感投入，要对学生有热爱之心和关怀之心，要做到在教学中对学生进行情感梳理、引导以及对可能出现的问题提出预案，使学生能够在情感层面理解、接受、感悟和内化教学内容。

综上所述，针对情境式教学设计的策略实施及其应注意的问题得到的启示是：只有在充分了解思想政治理论教学设计特殊性的基础上，在全面研究教材和学生的前提下，教师才能对教学做好整体规划、构想和设计，才能形成思路清晰、全面系统、具有可操作性和实效性的设计方案，才能真正调动学生参与的积极性，使思想政治理论课成为学生真心喜爱、终身受益、毕生难忘的课程。

第二节　研讨式教学：实现建设性与批判性的统一

一、研讨式教学方法的内涵及特征

（一）研讨式教学方法的内涵

研讨式教学是一种基于互动教学理论，注重发挥学生批判精神的教学方式。它是指在教师教学实践过程中根据教学大纲的基本要求和大学生身心特点及思想需求，深耕教材，提炼出教材重点、社会热点和大学生关心的焦点问题，把问题研究、讨论贯穿于教学过程，引导学生进行深入研讨，强调学生要主动参与问题探究，提出自己的观点，运用理论分析问题和解决问题的一种教学方法。

思想政治教育理论课研讨式教学方法打破了传统教学中授课的方式，具有针对性、开放性和探究性的特征，是一种重在培养学生自主能力和创新、批判精神的教学方法。研讨式教学能够使学生在知识积累的基础上进行积极的独立思考，具有引导学生独立深刻思考功能的教学方法。

（二）研讨式教学方法的特征

研讨式教学方法与传统的教学方法相比，具有明显的优势与特征，其表现为：

1.针对性

以往的教学过程中，特别强调与教材和教学计划内容的一致性，偏重知识传授的完整性、系统性，加之某些高校思想政治教育课理论教学内容多，课时较多，很难做到对一个问题进行深入全面的解读，直接削弱了教学的实效性和针对性。而研讨式教学在教学内容上，重点突出，主题鲜明，对一个研讨问题和专题从不同侧面多层次、多角度进行教学，同时能够将理论与社会热点、学生所关心的问题进行有机结合。既可以从系统中挑选当下最适合开展的研讨，也可以根据社会热点，重新构建教学内容，体现出教学的针对性。

2. 探究性

研讨式教学的探究性主要体现在教学目标中。思想政治教育是分阶段分层次开展的，需要根据受教育者知识结构的不同，调整不同的教学目标。比如中学阶段思想政治教育理论学习，其目的侧重于知识的掌握，但是高校思想政治教育面对的群体是大学生，教学的目标不仅仅在于知识的传授，更在于探索精神、研究精神的培养，也就是要培养学生不仅"知其然"，更要"知其所以然"。因此，研讨式教学不同于传统横向教学结构，而是从纵向角度开展教学活动，用连贯性、统一性的思维讨论分析这个问题，反而赋予了这个理论除抽象性以外更为具体、更为丰富的时政内容，使理论同现实更好地结合。在教学过程中，教师备课思路清晰明了，学生学习易于"消化、吸收"，从而大大提高了课堂效率。同时，通过结合启发讲解、探究讨论以及课堂讨论的教学方式，让学生能够摆脱书本，真正懂得道理、学到知识，最终提高学生的思想政治水平。另外，对教师而言，研讨式教学可以兼顾科研和教学，将科研成果融入教学。研讨式教学不仅仅局限于思想政治教育理论学科中，而是要综合其他课程，如经济学、社会学、生态环境等，因此，需要将繁杂的知识内容穿插渗透在各个学科之间。

3. 开放性

研讨式教学具有很强的开放性，这种开放性主要体现在三方面：

首先，体现在教学方法上。研讨式教学并非单一的教学方法，而是一个多方法的综合体。依据研讨式教学的教学方法和手段的开放和灵活多样，根据不同的专题内容，教师可以在教学过程中选用主题式演讲、社会热点问题分析、课堂师生互动、场景教学等不同的方法。这样可以激发学生的参与热情，促使学生积极思考，还可以运用多媒体技术组织学生观看历史影像资料，加深学生对特定时期理论形成的认同。

其次，体现在教学主体上。研讨式教学能够打破"教师满堂灌，学生被动听"的传统模式，使教师充分发挥自主权和创造力，调动学生的学习积极性。教学主客体的开放以及思想政治教育专题式教学，能够实现师生主客体适时变换。学生课前自主学习，查阅资料，课中教师引导学生，在讨论的过程中教师不仅是教师，同时也是学生的朋友，和学生成为良师益友的关系以实现师生互动。

最后，在总结环节实现教师学生主客体再次转换。

二、研讨式教学方法应用于思想政治理论课教学实践的逻辑前提

（一）教师观念的转变

当前的思想政治理论课教学不同于传统的教学模式，教师不能像传统的教学那样靠一支笔、一块黑板进行教学。在网络信息化时代，教师的角色更像学生的引导者而不是主导者，教师不是高高在上的，而是要做好服务，为学生更好地答疑解惑。教师只有明确了自身的角色定位，才能更好地发挥作用。另外，信息化社会的高速发展，知识更新的速度不断加快，新的知识不断补充，这就需要教师不断学习，转变观念，不断提升自己的专业素质，只有这样，才能把最新的理论知识传授给学生。

（二）坚持以学生为中心建设课程教学资源

学生是课程资源的使用者，只有他们认为教学资源是可用的、易用的、好用的，才能更好利用教学资源体现出思想政治理论课的价值，因此，在课程资源建设中，要以学生为中心。首先，要明确教学目标。要让学生在较短的时间内，了解课程"为什么学、学什么、怎么学"等学生最为关心的问题。其次，将教学目标细化。要突出教学难点、重点，将教学理论内容分解为"了解""掌握"等标准，使学生能够把握学习的重点，从而合理掌握学习内容。最后，合理设置学习流程。用案例或问题导入教学内容，创设学习情境，激发学生的兴趣，让学生带着问题主动学习。

（三）注重课程教学的情感性

在课程学习中，在设置认知目标、行为目标的同时，也要表现出情感目标，尽量做到量化。在教学过程中，教学资源不仅要有文字的形式，还可以通过视

频、图示等更为生动的形式表现出来，或结合现实生活中的热点问题、实践中的焦点问题以故事、案例的方式出现，这种生动、贴合实际的教学，才能让学生有强烈的情感体验，感觉这就是发生在身边的事，从而更乐于学习。另外，情境式教学还会通过交互实现情感的交流。通过学生之间的合作学习，学生不仅可以取长补短，共同进步，也可以加深学生之间的相互理解、相互熟悉，减少学习的孤独感，增进友谊，满足归属感。在学习交流合作中，学生是情绪感受、认知学习的主体，使整个学习过程中充满了浓厚的情感。

三、研讨式教学方法在思想政治理论课教学实践中的正向效果

（一）提高了思想政治理论课师生的能力

首先，学生在研讨式教学中提高了自主学习能力。学生自主学习能力的提高是这种教学方法作用于教育客体最显著的效果。学生在研讨式教学的各个环节通过总结、分析、实践、质疑、批判、创新等方法整合自己收集的资料，从而形成自己对问题的判断。在这些方法的反复实践中逐渐提高了学生的自主学习能力，特别是提高了学生的思维能力。

其次，教师在研讨式教学中提高了教学能力。研讨式教学方法的应用增强了学生的自主学习能力，同时对教师教学能力的提高也起到了促进作用，在同一教学过程中实现了师生能力的提高。对思想政治理论课教师而言，除了需要掌握基本的教学能力，还需要具备"八个相统一"的能力，即"政治性和学理性相统一，价值性和知识性相统一，建设性和批判性相统一，理论性和实践性相统一，统一性和多样性相统一，主导性和主体性相统一，灌输性和启发性相统一，显性教育和隐性教育相统一"，"八个相统一"既是教学方法，更是教师需要具备的能力。

（二）增强了思想政治理论课的教学实效性

思想政治理论课实效性的提高是多种因素综合作用的结果。研讨式教学是一次重要的教学方法改革，它突破了传统思想政治理论课教学中存在的"外在灌输

式"的教学方法。"外在灌输式"的教学方法不能从根本上解决学生对世界观、人生观和价值观的认同问题。因为学生只是在被动接受知识的教育而没有形成自己的独立思考，未经自身独立思考的世界观、人生观和价值观，学生是很难在思想上认同的，这就是造成思想政治理论课教学实效性差的根本原因。研讨式教学方法更加注重学生在教学过程中的主体作用，更加突出问题导向，能够最大限度地调动学生的主动性和独立性，引导学生主动思考问题，而不是被动接受。学生通过积极认真思考，认为教师传达的价值不仅符合自身的经验感受和理性认知，甚至达到了情感上的共鸣，从而愿意主动认同。思想政治理论课实效性的提高应该通过学生的积极思考来完成，因此，研讨式教学方法具有引导学生独立思考的功能。

（三）实现了思想政治理论课"八个相统一"教学方法的拓展

传统思想政治理论课教学在方法上比较单一，从而呈现出学生学习参与性不高、课堂活跃度低、学习效果差等弊端。单一的教学方法无法完全激发学生学习的积极性，也不能引导学生较好地进行思考。虽然为了提高学生学习积极性和课堂活跃度，在以往教学活动中也引入了视频、音频、图片、实践课程等辅助教学手段，然而这只是在细节上延伸了教学手段，并没有改变教师讲学生听的状态。研讨式教学方法的引入实现了思想政治理论课教学方法的拓展，主要在于：教学环节实现了主体改变，从"单一教师主体"转变为"教师和学生双主体"。模式的转变使得功能也发生了改变。教师的功能由原来的知识传播功能转变为知识传播和引导学生思考的功能，同时学生也由被动接受转变为主动认同，从而促使思想政治理论课的效果发生了很大变化，实现"以育人为本"的教学理念和目标，这种教学方法的应用对学生成长成才的影响是长远的，甚至是终生的。

四、研讨式教学方法在思想政治理论课教学实践中的创新路径

（一）研讨式教学方法创建的"三个原则"

研讨式教学方法的设计是教学实施的重要基础和前提条件，同时也是其重点

和起点，要求教师不仅熟悉教学内容，而且还需要对教材进行再整理和再创造，认真设计研讨专题和问题，达到突出重点、化解难点、解析热点的研讨式教学目标。研讨式教学方法的设计应遵循如下原则：

1. 坚持整合性和系统性原则

研讨式教学方法设计是对教材和教学内容进行二次创新、重新整合的过程，要在把握教材的基础上，突破原有的内容框架，重新对教材内容进行梳理、提炼和凝结，体现出对教材内容的整合性。同时，还要不脱离系统性，在搭建知识结构时，同样要注重研讨专题内外部的逻辑性和完整性，注重学科知识的条理性与关联性。因此，可以说研讨式教学方法设计要坚持整合性和系统性原则，既立足教材又高于教材。

2. 坚持时代性和针对性原则

思想政治理论课程是一门需要随着思想政治教育环境变化与青年学生主体意识变化而不断发展更新的课程。所以，研讨式教学方法应该紧跟时代步伐，反映时代诉求，做到立意新颖、紧扣学生的思想变化，问题设置要有吸引力和说服力，突出时代精神和社会发展趋势。这样才能让研讨专题内容更具鲜活性，才能吸引学生，提升学生的学习热情，从而增强思想政治理论课的实效性。当然，在设计研讨专题内容时，还需要注意个性化差别，尤其是学生的专业背景，专业背景不同，学生思想政治教育理论的学习基础就有所不同，因此，需要考虑学生的接受能力，针对学生的不同特点因材施教。

3. 坚持实践性和应用性的原则

思想政治教育课程的最终落脚点是指导学生的未来活动，因此，不能光停留在理论层面，还要具有应用性和实践性。所以，教师在选择研讨专题内容时要避免单纯从书本到书本、从理论到理论的做法，而应将课程的重点内容整合凝练成不同专题，尽量寻找理论与实践的结合点，即要选择现实社会中涉及的热点问题，例如如何认识和解决社会不公，以及全球化等，这样就能够理论联系实际，结合现实生活中的案例解读理论的具体应用，突出学以致用。

（二）研讨式教学方法创建的"五个环节"

以学生为中心的研讨式教学方法要通过教师精讲内容、师生探讨交流、教师点评引导、学生撰写心得、师生回顾总结等五个环节完成教学和学习任务。具体环节如下所述：

1.教师精讲内容

主要是教师重点讲述课程的主要内容或串讲教学内容，让学生了解思想政治理论课的主要内容。这是研讨式教学方法得以成功的前提。教师要充分把握教学大纲，深刻领会教学内容，准确把握课程内容体系的逻辑关系及其要点的转换承接关系；同时教师要在上课之前就收集大量新鲜素材，精心选取有代表性的案例作为课堂教学的有力支撑和旁证，并强化材料的思想性和趣味性。在研讨教学过程中，教师切勿照本宣科，要与学生有情感交流。

2.师生探讨交流

主要围绕问题展开，以思辨为主要方式，教师提出问题，学生思考探究，这是研讨式教学方法得以成功的重要环节。教师根据学生掌握本课内容的情况，为激发学生学习思想政治理论课程的兴趣，需要提出几个跟课堂教学内容相关且学生感兴趣的热点问题或案例，供学生研讨。学生以几个人为一组，有组织地集体思考与讨论，在此过程中将自己的真实想法讲出来，并对其他学生的观点予以评论，使学生在分析、讨论、解决某些问题的过程中学习思想政治理论内容，接受思想教育。

3.教师点评引导

在第二个环节探讨交流完成后，教师应就第二个环节探讨交流的情况做必要的点评，并对学生的思想和认识进行正确引导，以增强学生学习思想政治理论课的效果。这一阶段是研讨式五段教学法得以成功的关键。教师在总结时，应指出学生讨论中的正确认识和不足之处，并给予学生实事求是的评价，指出学生应该进一步努力的方向。教师做点评引导时，要做到点评目的明确，思路清晰，推理步步深化，点评简明；分析有理有据，语言博喻善引；方法循循善诱，循序渐进。教师的点评，能使大学生对思想政治理论课有所感悟、思想有所收获、认识有所深化、分析能力有所提高。

4. 学生撰写心得

教师点评后，应要求学生课后根据课堂对思想政治理论课学习的内容，进行回顾与思考，撰写心得，并作为平时作业。这也是研讨式五段教学法得以成功的重要举措。针对课堂教学内容和师生探讨交流的问题，教师要求学生写出思想汇报，即心得体会，篇幅不宜过长，不能空发议论，而是要实实在在地谈出自己对某些问题的思想认识，例如学习思想政治理论课程后的思想收获，思想认识上还存在什么疑问等。学生都要按照教师的要求谈真实感受，要求切实感受写得具体，不能抄袭，更不能讲假话和违心的话，也要避免空发议论。学生写好后要将思想政治心得体会、政治小论文和调查报告交给教师。这种方法，能使学生增强对所学的思想政治理论的理解及运用。

5. 师生回顾总结

师生回顾总结环节即学生典型发言、教师总结阶段。这是思想政治理论课研讨式五环教学法的最后一个重要环节。教师对每位学生提交的心得体会进行批改并写上评语，挑选一些有代表性的优秀小论文，在恰当的时间，教师选择优秀的有代表性的心得体会让学生在课堂上宣读，学生也可以要求宣读自己的心得或自由发言，师生之间也可以继续交流。教师要及时做总结。通过回顾总结，提高学生运用思想政治理论课的理论分析和评判社会现实的能力和水平。总而言之，研讨式五环教学法中的五个环节环环相扣，互相联系，又各自发挥着各自的功能。

五、在思想政治理论课教学实践中实施研讨式教学方法应注意的问题

实施研讨式教学方法，无论是对教师还是对学生都是一个挑战。教师要具备深厚的知识储备和开阔的视野，学生需要认真钻研、大量阅读和深入研究，否则，研讨可能流于形式而无法取得预期的教学效果，因此，运用研讨式教学方法

必须注意以下三个问题：

（一）课堂容量问题

思想政治理论课是公共必修课，各校思想政治理论课的师生比决定了课堂容量通常比较大。这就导致部分学生不能有效地参与课堂研讨，因而不能客观公正地评价全部学生的学习发展趋势，从而不能释放研讨式教学方法对教学实效性提高的全部作用。研讨式教学效果在小班中进行教学才能得以实现，但面对思想政治理论课公共必修课的性质和师生比的困境，很难真正实现这样的客观条件。为了解决此难题，很多学校探索了"中班授课，小班研讨"的途径。

（二）注重师生适应能力的差异化

相对而言，办学水平越高的高校师生对研讨式教学的接受能力就越高，原因在于构成研讨式教学的各个要素本身对师生的能力有一定的要求。因而，应用研讨式教学方法的过程中应当注意它的适应性，根据实际情况进行相应的调整。

（三）教师对研讨式教学方法运用的把控能力

教师应在研讨式教学中起到主导作用，把握研讨主题，掌控研讨时机，组织学生有序开展研讨活动。教师在教学反思中，要找出教学方法在课堂实践中的不足，总结成功经验，及时调整教学策略，在长期的教学中提高教学水平，增强教学把控能力。有些教师在研讨课上直接抛出问题让学生回答，这虽然在课堂上形成了互动，调动了学生的参与意识，但是即使学生在课堂上争论得很激烈或交流的时间很长，这种方式在本质上也是提问式教学的变形，而不是真正意义上的研讨式教学，因为这种方式在提出问题的环节就已经抛开了学生。在这种情形下学生讨论的问题是教师按照自己的兴趣和逻辑拟定的，而不是学生根据自身的意愿或困惑提出的问题。研讨课对学生学习能力的提升体现在学生自己研究问题的全过程，具有自主性和过程性的特征，在没有充裕时间准备的情况下，学生在课堂上的表现是随机的、即兴的，交流内容在思想性和理论性上呈现得就不够充分，不太容易引发更深刻的思考，这样就容易形成研讨式教学的形式化问题。另外，教师的教学工作量并没有因为研讨式教学方法的实施、授课方式的转变而得以减轻，相反，需要教师具备更强的教学能力。对思想政治理论课教师而言更是如此，相对于自然科学课程讲授内容和学生提问的相对确定性，思想政治理论课教师在研讨课上面对的是观点众多的思维碰撞，因而教师必须具有更强的以学术能力为基础的课堂掌控能力，而具备这样的能力需要教师付出很大的努力，增加了教师的工作压力。因而，有些教师进行实质性的教学方法改革的意愿不强，这也会导致研讨课的形式化问题。

第三节　问题式教学：实现灌输性和启发性的统一

一、问题式教学方法的内涵与特征

（一）问题式教学方法的内涵

问题式教学最早始于"问题导向"。而问题导向这一概念可以追溯到20世纪英国著名哲学家波普尔（Popper）提出的问题理论，他认为，科学理论只是一种假说，都有可能是错误的，无论是通过内审还是观察，都不能直接获得真理。所以，为了获得真理，我们只能猜测真理，也就是提出假说，然后通过实践检验假说，周而复始，让科学不断地进步。也就是说，科学的发展就是不断发现问题，解决问题，进而发展问题的过程。基于波普尔的问题理论，很多学者提出问题导向的研究或者教学方法。

问题式教学方法最初应用于医学教育，基本观点是以学生为主体，用"问题"整合相关学习内容，使学生通过发现、分析和解决问题的方式完成知识建构的教学和学习。其核心是教师以学生认知水平为出发点，围绕真实情境设计有逻辑、分层次、易启发的问题链条。

（二）问题式教学方法的特征

与传统教学方法相比，问题式教学方法具有自主性、启发性、探索性的特点，具体表现在：

1. 自主性

问题式教学驱动了学生学习的内源性动机，在问题式教学中，学生不得不参与教学活动，有一定的强制性，但是在收集资料和对资料进行总结和梳理的环节，学生可以发挥自己的主动性和积极性，按照自己的思维习惯去整合材料，这些自主性都能够激发学生进行学习的内源性动机，从而提高学习效率。

2. 启发性

相较于灌输式教学方法，问题式教学方法更加突出问题导向。学生参与研讨课的过程就是不断提出问题—分析问题—解决问题—进一步提出问题的循环往复过程，在此过程中，通过教师的积极引导更能引发学生深刻思考，在启发中使学生得到水到渠成的结论，有助于提高思想政治理论课的教学实效，促进学生对正确世界观、人生观和价值观的认同。

3. 探索性

问题式教学方法更能帮助思想政治理论课达到"八个相统一"的标准。问题式教学方法在其构成要素、包含环节和运行机制等方面更能实现学生知识能力素质的有机融合，更能体现教学内容的前沿性和时代性，对学生而言是更大的挑战，更能提高思想政治理论课的"高阶性、创新性和挑战度"，有助于将思想政治理论课打造成"金课"。

二、问题式教学方法应用于思想政治理论课教学实践的逻辑前提

新时代高校思想政治教育面对多种新问题、新情况与新任务，使高校思想政治理论课教学面临着新的挑战，需要结合思想政治教育新发展新要求，突破思想政治理论课教学面临的问题、困难和挑战，实现思想政治理论课教学有效的改革，提升思想政治理论课教学质量。

（一）对教师的综合素质能力提出考验

传统的教学方式，以教师讲课为主，以教材内容为本，学生听不听、会不

会，都不影响教师的讲课进度。思想政治理论课的内容相对枯燥、抽象、晦涩，很难引起学生的共鸣，学生对课程所讲授的内容不感兴趣，自然就很难达到学生思想政治理论课入脑入心的教学效果。特别是，由于教师教学内容选取不当、教学组织不当、课堂设计不当、教学方法不当，也会成为不能引起学生兴趣或调动学生积极性的重要原因。因此，教师需要针对学生的成长成才的发展规律，设计教学内容和教学环节，这就要求教师应具有一定的能力。

此外，在实施问题式教学过程中，教师对课堂互动环节中的突发状况的应对能力也面临着一定的挑战。面对学生提出的各种问题和疑惑，教师应具有广博的知识和理论深度，才能很好地回答这些问题，同时，教师既要正面回应学生的问题，也要给予学生合理、可信的答案，这些都需要教师在平时备课中予以充分的准备，对教师整体的综合素质能力提出更高的要求。

（二）对学生的自主学习意识提出要求

问题式教学是利用学生的求知欲和表现欲强的特点，鼓励学生参与到教学活动中来，但由于学生的自主学习意识、个体及性格等方面的差异，通常情况下，理论基础好、表现欲强的学生会积极主动参与，而大部分学生会处于被动和消极的状态，这就对学生的自主学习意识提出了更高的要求。同时，大部分高校学生普遍对思想政治理论课重视程度不够，态度也不够端正，对思想政治理论课的重要意义和作用认识不清。课上不认真听讲，课下应付考试，大都有不挂科就行的心理状态。这样的学习态度和学习意识对开展情境式教学来说是重大挑战。情境式教学要求学生要积极准备，认真对待。学生要积极有效地参与到互动教学中来，就必须在自主学习基础上，对学习目的和教学目标有清楚的认识，对教学内容和理论知识有系统的把握，最大限度地发挥学习主动性和创造性，学会自我学习、自我管理和自我发展，这对学生具有自主学习意识和能力提出更高要求。

（三）对教师的课堂管理的把控能力提出挑战

课堂上，教师和学生都是问题式教学的主角。教师与学生之间互动、交流、配合会直接影响到课程的教学效果。教师只顾自己讲，不关注学生动态，教学效果很难提升。同时，学生态度不端正，课下不准备，课上不配合，使得教学很难达到预期效果。教师如何把控课堂的节奏，管理课堂，使师生完美配合也是实施情境式教学的困境。较之其他教学方法，问题式教学对思想政治理论课教师提出了更高的要求。教师作为主导者和引路人需要有很强的责任心和管理课堂的能力。在实施情境式教学前，教师应做好充分的准备，力求做到教学内容丰富、教学环节和过程严密，这就要求教师要对教材体系有整体深入把握，教师要花大量的时间和精力进行情境互动教学设计，努力预判课堂出现的各种突发状况，从而采用不同的方式解决。

三、问题式教学方法在思想政治理论课教学实践中的正向效果

问题式教学方法的运用，能够有效地提升学生的思辨能力，促进学生对思想政治理论课主导的主流价值观认同，增加学生对思想政治理论课的喜爱程度。

（一）有利于提升学生的思辨能力

问题式专题教学有利于突破思想政治教材过于理论的缺陷，通过问题的设计、专题的遴选，可以将思想政治理论研究的最新学术观点、当前国际国内发展形势和国家方针政策等内容融入课堂教学之中，同时，可以把当前社会热点和当代大学生密切关注的现实问题引进思想政治理论课课堂，增强思想政治理论课课堂的吸引力和活力，改变思想政治理论课灌输方式的弊端，实现了灌输性和启发性相统一的教学方法，提升了学生的思辨能力，大大提高思想政治理论课教学的实效性，最终让大学生从心里爱上思想政治理论课，让他们在对课程内容的深刻解读中把握和感受真理的力量。

（二）有利于发挥学生的个性

当前的学生一个很显著的特点就是非常注重个性，同时，还深受电子科技产品的影响，学习的集中度较低，思想政治理论课教学必须结合学生的特点，因材施教。问题式专题教学可以使师生在提出、分析和解决问题的过程中，激发学生学习的兴趣，让学生参与和探究问题，培养学生的批判性思维，促进大学生全面

自由个性化发展。

（三）有利于构建和谐的师生关系

问题式教学方法的推广应用可以大大促进学生的教学参与程度，使学生对思想政治理论课从以前的反感、抵触到现在的接受、参与和认可，学生的这种改变有利于构建和谐的师生关系，增强思想政治教师的职业幸福感。同时，由于教学相长的原理，有利于提高思想政治教师的业务素质和教育素养。

（四）有利于更好地适应思想政治理论的发展变化

虽然思想政治理论课教学内容不断与时俱进，其思想政治教材会定期地及时更新，但是社会经济发展变化却是无时不在发生，问题式专题教学中教师可以对专题的内容及时进行相应的调整，不断地与时俱进。

四、问题式教学方法在思想政治理论课教学实践中的创新路径

问题式专题教学将原来的教材体系转化为教学体系，在实践中有广泛的实际推广价值。在教学理念上，打破过去被动灌输式的教育理念，在教学中突出问题意识、启发意识，把学生从游离于思想政治理论课课堂之外重新吸引到思想政治理论课课堂中来，参与到思想政治理论课教学过程当中，充分发挥学生的主体性。

（一）问题式教学方法创建的"两个原则"

1. 坚持启发性原则

在教学内容上，根据教材重难点、现实热点和前沿动态以及学生的实际情况设计专题和各个专题的问题链，最终形成一套精练系统的、符合大学生特点的问题式专题化教学内容。教师发挥主导和启发作用，学生发挥主体作用，这样既让学生学会相关思想政治理论，又能解答他们心中的疑惑，最终达到思想政治理论课的教学目的，充分考虑学生的学习特点，最终取得学生知行合一的学习效果。

2. 坚持政治导向原则

问题式专题设计必须以社会主义核心价值观为引导，坚持正确的政治方向，

让大学生在认识和理解国情中增强判断是非的能力、分析思辨的能力，为社会主义事业培育合格的建设者和接班人。问题的选择与提炼既要凝练严谨又要独具匠心，既要有比较强的吸引力，又要能解决学生的实际问题。要结合思想政治理论课的教学目的，坚持正确的政治导向，结合社会热点难点，结合国家方针政策，联系学科学术前沿，同时，还要兼顾学生的思想生活实际，既符合教材的教学大纲，又兼具内容的逻辑要求，努力选取时代性强、容易引起大学生兴趣的问题。

（二）问题式教学方法创建的五个环节

思想政治理论课教学问题的呈现应当适宜于大学生的生活习惯，便于大学生接受，政治化的语言要向学术化的语言转化，理论化的语言要向生活化的语言、文化的语言、网络化的语言、幽默化的语言转变，这是问题呈现方式的重要变革路径。高校思想政治理论课努力尝试并有效实现这样的语言转化，才能让学生乐于接受、易于理解、入脑入心。在思想政治理论课教学中采用问题导入式教学法，主要包括以下五个环节：

1. 问题导入设计

在问题导入式专题教学体系中要特别注重导入问题的设计。导入的问题要具有普遍性，这就需要思想政治教师对当下学生的思想情况、社会热点、理论重点进行调研，通过调研把大学生最困惑、最关心、最敏感的问题找出来。采用启发式教学方法，设计的导入问题可以分层次不断递进延伸，把所有教学资源聚焦于解决问题上，通过问题链组织教学，沿着问题层层递进、不断深入。

2. 引发学生提问

课堂教学中为了更好地适应导入式教学法的运行，可以先在班级对学生进行分组，每组五人左右，教师给每个小组提供相应的参考资料，在一定的知识阅读基础上，通过问题的比较、联想、反问等方式不断激发学生的思考，充分调动学生的主动性，帮助他们更好地进行资料的收集整理，增强其分析问题、逻辑推理和概括总结能力。积极引导学生把自己最深感困惑、最关心、最感兴趣、最迫切想要弄清楚的问题提出来。

3. 课堂问题讨论

问题确定以后，小组内先进行讨论，小组之间可以相互提问、相互辩论，以便真正取得真理越辩越明的效果。这样通过课堂讨论学生可以先尝试自己解决问题，然后教师要及时对学生的想法进行纠偏，并给予相应的点拨；同时，教师还可以更深入地挖掘一些深层次的有意义的问题，激发学生进一步思考，使得他们可以更全面地认识问题和解决问题。

4. 问题分析总结

进行问题导入、学生提问和课堂讨论，在此过程中教师要充分解释和深刻剖析前面的问题，以达到真正为学生解疑释惑的目的。最后，学生进行积极反馈，每个小组派一个学生代表进行总结性发言。

5. 课后问题反思

问题虽然得到了解决，但是思考不能止步，教师还要积极引导学生课后对问题进行反思；各小组要积极总结自己在分析问题和解决问题的过程中有哪些收获，还有哪些不足以后需要注意；每个学生要写一个书面反思总结材料，这样才能全面提高思辨能力。

五、在思想政治理论课教学实践中实施问题式教学方法应注意的问题

（一）问题设计不能完全脱离思想政治教材

有些教师为了增强思想政治理论课课堂的吸引力，过于迎合学生，有的完全讲故事、求生动，偏离思想政治理论和教材。这就有些本末倒置了，失去了开展思想政治理论课教学的初衷，所以，问题式教学方法的设计一定不能完全脱离教材和理论。

（二）充分利用网络资源

思想政治理论课教学模式的选择要适应信息时代的思维模式和交流模式。首先，思想政治理论课教学要建设好相关的网络课程，将课程的课件、教案和基本

讲稿以及与课程有关的视频与案例上传至网络平台，方便学生课后学习；其次，在课堂教学中要多使用信息化教学平台（课堂教学软件），这样就可以最大限度地利用网络资源，发挥网络教学的优势，吸引学生学习，延展思想政治理论课的教学时空。

（三）培养专业师资队伍

思想政治理论课问题式教学的实施必须有一支专业的思想政治师资队伍，因为问题式专题教学相对传统灌输式的理论教学，具有更大的挑战性，需要思想政治教师具备更广的知识结构和更深的理论功底。所以，需要通过理论培训、参观学习、集体备课等多种途径，全面提升思想政治教师的教学能力和理论科研水平，以达到胜任思想政治理论课问题式教学的目的。实践证明，思想政治理论课应用问题式教学，用学生关注、感兴趣的实际问题引领专题教学内容，使教学内容贴近国情、贴近学生实际，不仅能调动学生参与课堂活动的积极性，完成课程教学的目标，更为重要的是，这一做法可有效地培养学生的问题意识和逻辑思维能力，为创新人才的培养奠定素质基础，是高校思想政治理论课坚持灌输性与启发性相统一的行之有效的创新教学方法。

第四节　体验式教学：实现理论性和实践性的统一

一、体验式教学的内涵与特征

（一）体验式教学的内涵

体验式教学的内涵是指在教学过程中，教师根据教学内容和教学目标创设教学情境，使学生能够在亲身经历中理解并建构知识、发展能力、产生情感、生成意义的教学活动。它包括实践体验和心理体验：实践体验是指主体在实践中亲身经历某件事并获得相应的认识和情感；心理体验则是指主体在体验的过程中产生的心理变化和波动。

（二）体验式教学的特征

为了进一步加强和改进高校思想政治理论课建设，提高教学的针对性与实效性，很多高校运用思想政治理论课体验式教学法的探索与尝试，成效显著。特别是新媒体的迅速发展和广泛应用，改变了大学生的思维和行为方式，也给思想政治理论课传统教学方法带来了挑战和机遇。体验式教学具有传统教学所不具备的优势，具体而言，主要有以下三个特征：

1. 情景性

体验式教学法有助于将学生置身于具体情景中，从感性层面吸引学生，有更强的代入感，更能带动学生的感性认知，通过对感性认识的材料进行分析，进而发展为理性认知。情景具有可塑性并且呈现出一定的氛围感，所以，认识是从感性认识开始的。

2. 启发性

一千个读者就有一千个哈姆雷特，对理论的理解，每个学生都是不同的，因此，对学生而言，体验式教学并非直接将理论抛出，让学生被动接受，而是从真实情景出发，循循善诱，具有启发性，能够引导学生主动探究，形成自己对理论的思考和理解。

3. 实践性

体验式教学是以实践为基础的，将深刻的思想政治理论转化为生动有趣的具体案例和事件，甚至有些案例和事件就发生在学生身边，这种鲜活的、贴近学生的案例和事件更能够真正激发学生探索的欲望。对部分学生而言，有时候不愿意参与讨论，是因为觉得讨论的话题离自身太远，学生对此的思考较少。而体验式教学能够增强对学生的吸引力，提高学生的参与意识。同时，还可以增强他们运用马克思主义基本原理和方法分析和解决实际问题的能力，逐步形成良好的思想品质和健全的人格。

二、体验式教学在思想政治理论课中有效应用的必要性

随着现代科学技术的发展，以多媒体和互联网为代表的新兴媒体已经成为各种社会思潮和利益诉求的主阵地，大量信息传播对大学生的价值取向、政治态度、思想意识、心理发展、行为模式等产生了深刻的影响。

（一）符合当代大学生的个性心理和思想特点

目前，高校大学生大部分成长在改革开放的时代，没有经历过物资贫乏的年代，物质生活和精神生活相对富足，同时，他们又生逢信息时代，处在互联网技术迅猛发展的时期，深受多媒体技术和互联网信息文化的影响，他们面对的是更加复杂的国际国内，面临着各种意想不到的挑战，承担着全面建设社会主义现代化国家的历史重任，因此，他们所处的独特的历史环境和时代特点使他们具有特别显著的特点。

第一，多媒体和互联网的出现使得各种信息传播速度极快。各种信息无所不包，新事物、新观念极易被大学生接受和认同，网络信息的便捷传播，也导致大学生的视野比较开阔、思维敏捷、求知欲强。

第二，大学生大部分都是在"读图时代"成长起来的，从小习惯于影视画面和网络语言，他们对视觉的敏感度大于文字，带有明显视觉上的差异性极易引起他们的注意。因此，他们有时会只考虑感觉到的东西与事物，而对事物和现象背后深层次的本质东西，不愿去或不去认识和分析，从而导致他们容易孤立、片面地思考问题，缺乏对事物的深层理解。

第三，现在大学生创新意识强，自主意识、自我意识明显增强，敢于接受挑战，但缺乏正确思想的指导，极易迷信错误的、自以为是的"新知识""新思潮"，容易藐视权威和领导，不愿被动接受教育。同时，他们大多数是独生子女，在相对富足的家庭环境下成长，导致他们依赖性较强，生活孤单，以自我为中心，容易形成否定他人、极端怀疑的思维。

面对当代大学生出现的新情况、新变化，高校思想政治理论课不仅要解决学生知与懂的问题，更要解决学生信与行的问题。体验式教学的主动性和参与性符合当前大学生的个性心理与思想特点，以学生的生活经验为前提，围绕学生普遍

关心的各种问题与困惑确定思想政治教育的主题，通过团队活动、个体体验、集体讨论等途径，用动态的教学方式激发学生的学习热情，让大学生通过真实的体验内化道德认知、思想品质，然后将体验到的道德认知和思想品质外化为自觉的行动指南。

（二）有助于大学生有效地接受信息

从信息传播理论的视角来看，思想政治理论课教学是一种"点对面"或"点对众"的信息传播活动和过程，是教师有意识、有目的地对学生施加影响的过程。体验式教学是增强教师和学生之间信息传递、接受和反馈能力的一种教学手段。教师借助计算机交互地运用文本、图形、图像、音频、视频等多种媒介手段，通过虚拟仿真思想政治理论课体验教学，运用实体性实践教学平台，实现虚拟与现实、理论与实践、课内与课外、学校与社会的融合发展，表达思想政治理论信息内容，通过信息内容的传递、接受和反馈，达到使学生实现对主流价值观共享、共识、认同、践行目的的过程。这就要求思想政治理论课教师要及时把握大学生的信息接受模式，切实改进高等学校思想政治理论课教育教学的方式和方法。

作为思想政治理论课理论教学的信息传播对象，学生是传播活动过程的参与者，他们不但是信息传播的目的对象，而且也是信息传播的主动"寻觅者"。学生在思想政治理论课教学和信息传播活动中占有重要地位，起着举足轻重的作用。学生接受信息的过程按两种模式进行：第一种是被动的信息接受；第二种是主动的信息接受。当前，思想政治理论课教学模式大多数是建立在学生被动接受信息的基础上的。因此，研究大学生是如何被动地接受信息的是教学研究的一个重要方向，也是提高思想政治理论课教学吸引力的重要手段。

著名认知教育心理学家奥苏贝尔（Ausubel）认为，学习应该是通过接受而发生的，而新时代的大学生是在网络环境和多媒体环境中成长起来的，网络和多媒体更像他们这一代人独特的"语言"形式，因此，在思想政治理论教育中，用学生比较熟悉的体验式进行教学，可以激活教材语言，使学生更容易接受教学内容，为他们认知的改变奠定基础。

三、体验式教学在思想政治理论课教学中有效应用的重要性

（一）有利于抽象概念具体化

在思想政治理论课中的一些概念，学生虽然听得多，但是由于概念本身抽象深邃，如"爱国主义""人生追求"等，单纯用语言或者文字，学生很难理解其中的真谛，容易使得"概念"变得枯燥无味，无法引起学生深入的思考和内化。而体验式教学，则可以帮助学生将这些抽象的概念变得具体化，更好地理解其中蕴含的精神特质。

以"思想道德与法治"课中关于"树立科学高尚的人生追求"的内容为例，可以借助体验式教学将"高尚的人生追求"具体化。通过体验，学生亲身感受到将高尚的人生追求进行人物具体化以及追求具体化，学生能够更好地明白"何谓高尚的人生追求"和"谁有高尚的人生追求"。

（二）有助于逻辑问题情景化

在思想政治理论课中，逻辑性的问题往往也是学生理解上的难点，尤其是在"马克思主义基本原理概论"课中，马克思的思想不仅具有整体逻辑性，而且具有很强的内在逻辑性，导致学生理解起来比较吃力。但是辅助体验式教学，则可以将比较复杂的逻辑问题情景化，再现逻辑问题所产生的历史背景以及发生发展的过程脉络，便于学生更好地理解。

（三）有助于历史事件回放化

思想政治理论课中，涉及许多重大历史事件，相对于对历史事件的平铺直叙，开展思想政治理论课体验式教学，引领学生走出教室，前往革命实践基地、革命故居等，有助于将这些历史事件的部分细节、部分片段生动地呈现出来，便于学生更加直观、深刻地理解这些历史事件。亲身经历、真实感受、触摸相关的革命陈列物品，能让学生从中获取相关信息，让"历史自己说话"，让学生了解到波澜壮阔的历史活动，让中国近现代史不是封存于过去，而是活跃于当下的"过去"。体验式教学可以弥补思想政治理论课传统教学的不足，有效打通教学

的堵点，疏通盲点，提升新时代高校思想政治理论课的思想性、理论性、亲和力和针对性。

四、运用体验式教学法应遵循的原则

在运用体验式教学法时，需要根据思想政治理论课的特点和规律，遵循如下原则：

（一）导向性原则

导向性原则是基于思想政治理论课的性质的。思想政治理论课是巩固马克思主义在意识形态领域的指导地位，坚持社会主义办学方针的重要阵地。因此，思想政治理论课课堂具有鲜明的政治立场。在进行体验式教学过程中，要时刻把握导向性的原则，坚持马克思主义的一元指导思想，坚持无产阶级的政治立场，坚持社会主义核心价值观，绝不能为了强化学生的思维能力，而丢掉政治立场和价值坚守。

（二）准确性原则

在体验式教学法中，体验内容本身十分重要，因此，在体验活动内容的选择上，必须遵循准确性的原则，坚持准确的、真实可靠的体验案例来源。网络化发展一方面便利教师收集许多信息，与此同时，网络上的信息化碎片，也会影响所收集信息的可靠性。因此，在体验案例的信息来源上，要选择主流的官方渠道，切忌主观臆断，被虚假信息所误导，给学生带来不良的影响。

（三）适当性原则

鉴于体验式教学法的优点，许多教师偏爱选择体验式教学，但不是所有的教学内容都适合这一教学法，也并非这一教学法没有不足之处。体验式教学毕竟具有特殊性，无法以一概全。因此，要根据教学目标以及教学内容判断是否适合采用体验式教学。进行体验式教学的次数和时间也要适度，所谓体验式教学法并不是贯穿于整个课堂，而是要配合其他教学方法共同进行，因此，不能用体验"塞满"整个课堂，只注重实践体验，而忽视思想政治理论课的理论性和思想性。比如马克思主义基本原理课，学时有限，内容较多，而体验式教学比较占用时间，因此，要合理使用体验式教学法。另外，根据教学进度和实际情况，进行体验式教学的时机也要恰当，只有为体验式教学营造良好氛围后进行体验，才能取得良好的效果。

（四）系统性原则

对体验式教学法，很多人存在误区，以为体验式教学就是简单的实践活动，其实不然，体验式教学和实践教学有联系也有区别。体验式教学法是一套系统、规范的教学程序。因此，思想政治认知教育理论课中采用体验教学也要把握系统性原则，有效地进行课前预习基本原理、体验呈现、体验分析、小组讨论、撰写分析报告等一系列教学环节。

五、体验式教学法在思想政治理论课教学中的设定与分析

在教学实施过程中，要结合学生的特质与教学内容，以及与实践教学相配合，采取课后实践环节完成设定体验主题和情境、课堂呈现与讨论等形式，进行体验式教学的尝试。

（一）以学生个人成长为关注对象的体验内容设定与分析

针对大学生自我意识强、具有独立性等特征，教师要以学生的现实境遇为依托，通过和学生的沟通与交流，让学生意识到自己身上存在的一些问题，引导学生分析这些问题，并探寻解决问题的途径。一方面，使学生参与课堂活动，增强师生间、学生间的互动；另一方面，也让学生对问题的认识更为全面，进而在对学生的关怀和引导中，帮助学生明确自身的成长成才目标。体验式教学与传统教学不同，体验内容的选择对教学效果有着至关重要的作用。因此，体验教学内容设定方案的选择必须体现理论意义和现实意义。在课前准备阶段，教师不仅要对体验教学方案进行深刻、有理有据的分析，同时，也要尽可能从多角度考虑学生，预设学生的讨论发言，为做好课堂的点评进行认真准备。

（二）以个人与国家关系为关注对象的体验内容设定与分析

在体验式教学法中，对学生个人与国家关系的教学内容进行的设定与分析，通过对学生进行体验，引导学生思考在相对和平的年代，爱国的具体表现是什么，明确在现代社会下的理性爱国的要求，通过体验分析帮助学生认识到作为当代大学生应当如何认识个人与国家的关系等问题。这种体验式教学内容设定与分析讨论存在三种不同的方式：

1.讲授型分析讨论

在目前教学内容分析中运用得比较多的是讲授型。当教学内容的理论性较强、内容较为复杂时，主要由教师主导进行体验式教学分析，在体验实践结束后，由个别学生进行分享，但分析的主体依旧是教师。其优点在于导向性较强，但是削弱了学生的课堂主体地位。虽然体验式教学分析法要充分发挥学生的参与性、主体性，但是基于导向性原则，还需要教师主导和把控教学管理与环节。

2.沙龙型分析讨论

沙龙型教学，不同于讲授型，而是让教师走下讲台，成为分析教学实践的主持人，分析的主体是学生。学生围绕体验活动，对教师准备的材料进行梳理，展开讨论。通过分析和综合，归纳和演绎，寻找解决问题的方法。教师的作用是掌控大的方向，适时引导学生，比如分析的层次维度、分析的思路与方向，等等。同时，还要引导学生分享自己生活学习中的事情，以及进行抉择的过程，使整个课堂形成开放、共享的氛围，最后由教师进行点评和总结。

3.情景模式模型分析讨论

情景模拟是在案例教学中设置情景，由学生进行演绎，比如情景对话、情景讨论。情景演绎，能让学生"共情"，以更为生动、更强劲的冲击力带动学生自觉地进行思考和讨论。情景模拟的方法可以将原著、原文中的内容变成"身边事"，身临其境地感受原著中的人和事，激发学生的情感，进而进行分析和讨论。

（三）以个人与社会关系为关注对象的体验内容设定与分析

大学阶段是学生从学校走向社会的过渡阶段，教师设计体验教学活动时应鼓励学生进行角色调换，帮助学生在明确自己的人生观和价值观的同时，增强其人文关怀和社会责任感。教师要引导学生进行思考，从理论层面和宏观层面，对活动进行总结，而不是"就事论事"，学生需要从教师的总结中感受到另一个层面的东西，而不是以学生视角进行分析。所以，这对教师的素质要求比较高，教师需要提前做好相关准备。教师要认真倾听学生的发言，不能对学生的讨论发言仅仅做简单的重复，而是要看到学生发言中的优缺点，认可其闪光点，鼓励学生未来更加自主地思考。如果学生的发言中存在偏激的地方，教师要及时给予引导，以免误导其他学生。

总之，高校思想政治理论课承担着对大学生进行系统的马克思主义理论教育的任务，是对大学生进行思想政治教育的主渠道。为切实改进和创新思想政治理论课教育教学的方式和方法，实现教学手段现代化，充分发挥课堂理论教学在大学生思想政治教育中的主导作用，有效进行体验式教学是提高理论说服力和感染力的有效途径和方法。

第四章 高校思想政治理论课 "金课" 的创新建设

第一节 高校思想政治理论课 "金课" 的理论基础

一、"金课" 的内涵

（一）概念界定

"金课"是新时代提出的词语，指为适应新时代高等教育人才培养新要求，以高校所有课程为约束对象，在各环节和全过程体现高阶性、创新性、挑战度，能够有效激发学生的学习兴趣和潜能，促进学生全面发展的课程。"金课"的提倡和打造是对低质课程的"挤水添金"，能切实为高校课程活性、学生活力、教师动力注入强大的生命力，进而为人才培养保驾护航。

（二）特征

教学与课程的逻辑之争是一场从未停止过的学术论辩。这里主要基于大课程论的视角探究学生视角下的"金课"特征。泰勒原理虽遭到后现代主义的批判，但其为课程研究提供的理论框架依旧是"金课"理论探析的基础。

美国著名教育学家拉尔夫·泰勒（Ralph Tyler）关于课程的四个基本问题为现代教学改革提供了课程的理论框架，也揭示了组成课程的四个部分，即课程目标、课程内容、课堂教学、课程评价。纵使后现代主义提出了新时代的批判和解构，但在课程研究领域，泰勒原理仍占重要地位。因此，这里以泰勒原理为分析课程的架构探究"金课"的特征。

在推进高校"金课"建设的过程中，国家及教育部关于"金课"和教学改革的文件颁布尚少，高等教育的探究者和实践探索者也大多在探讨对"金课"内涵、建设路径等的认知，关于"金课"特征的探讨并未形成统一定论，且其中缺乏对"金课"特征在学理上的探讨，这易使"金课"建设因缺少理论支撑而沦为空谈。

1. 课程目标维度的特征

（1）立德树人是根本目标

德乃道之载体，既为个体理想信念铸魂，又为人才强国助力。立德树人的成效是检验学校一切工作的根本标准，也是教育部对高校建设的要求。

各级各类院校都要坚持社会主义办学方向，以立德树人为根本的培养目标。这既是基于特殊国情和制度优势的客观要求，也是对"为谁培养人""培养什么样的人""怎样培养人"等问题的战略性回应。高等教育阶段是学生"三观"形成的关键阶段，故而高校应以"树人"为核心，以"立德"为根本，引导学生"明大德、守公德、严私德"。

"金课"承载着教书和育人的重任，更是高校教学改革的价值追求，立德树人理应成为"金课"建设的根本目标。

（2）德智体美劳全面发展

马克思关于人的全面发展学说为我国教育目的的确立提供了理论基础，"德智体美劳"五育发展是全面发展学说的中国化成果。"培养德智体美劳全面发展的社会主义建设者和接班人"是社会主义现代化背景下高等教育的人才培养方向。

"德智体美劳全面发展"是人才培养的素质结构的一般性表述和普遍性要求，故而"金课"课程目标要牢牢抓住新时代培养"德智体美劳全面发展"人才的总体要求和根本目标。德育是"金课"教学的首位和灵魂，要坚持立德树人、育人为先的基本原则；智育是其他四育的认识基础，更是"金课"教学的重要环节；体育为四育夯实物质基础；美育和劳动技术教育则协调各育的具体运用。

（3）以需求为导向，目标由远及近

国家教育目的、学校培养目标、课程目标、教学目标是层层递进的细化表述，教育目的是国家关于培养人才质量和规格的理想设定，规定了"为谁培养人"和"培养什么样的人"的问题。学校培养目标则是高等院校根据国家教育目的和当地社会发展需求，并结合自身特色和专业发展的具体化目标。课程目标是高校专业培养落实到课程层面的细化。教学目标是教师关于每节课的学生预期学习结果的表述，更是指导学生完成学习目标的关键。因此，"金课"的目标设定应遵循目标之间的内在逻辑关系，在充分体现社会主义教育目的的基础上，准确把握学校专业培养目标，以新时代对人才的需求为导向，由远及近落实在教学目标上。

（4）目标由低到高，层次分明

课程目标的确定是对"金课"运行过程的整体把控，目标设定要在尊重学生个体差异和知识逻辑体系的基础上由低到高，层次分明。美国教育心理学家本杰明·布鲁姆（Benjamin Bloom）的认知目标分类法将学生的认知发展分为六个不同的层次，其学生安德森（Anderson）等心理学家随后在此基础上进一步完善，将学习者的认知过程依次分为记忆、理解、应用、分析、评价、创造。"金课"应以记忆、理解、应用的低阶思维为基础发展培养分析、评价、创造为主的高阶思维。

此外，课程教学是学生的知识积累到能力塑造再到素质培养的递进过程，"金课"的教学目标应根据学生的实际学习水平和教学内容的不同层次设定，保证每位学习者都能接受恰当的挑战。

（5）"金课"课程目标具备综合性、操作性

课程目标是教育目的的具体化，也是明确课程内容、教学方法，以及进行课程评价的依据。如果缺乏课程目标，课程内容、教学方法、课程评价等方面就会变得盲目。因此，"金课"课程目标具备综合性、操作性。

第一，"金课"课程目标的"综合性"。"综合性"是指课程目标要综合知识、能力、素质三个方面进行设定。课程目标本身就是一个综合体，在设定课程目标时必须考虑目标体系的横纵关系，既要满足上下位目标的要求，又要考虑不同的课程类型、学生情况等要素，才能使目标更具有导向功能与标准作用。

第二，"金课"课程目标的"操作性"。"操作性"是指课程目标的制定必须力求清晰、具体，如果课程目标含糊笼统，会使教师在明确课程内容、教学方法及进行课程评价等方面无所依据。课程目标不明确、具体，就像航行的船不知道具体的目的地，难免迷失方向或走弯路。

2. 课程内容维度的特征

（1）对接市场需求，符合学生发展

"金课"应落实以学生为中心的教学理念，并以市场需求为导向组织课程内容。OBE（Outcome Based Education）教育理念，又称成果导向教育，在社会主义市场经济体制下，我国高等教育也逐渐接纳并运用OBE教育理念。OBE即目标明确地聚焦和组织教育系统，从而保证学生能够围绕培养目标开展学习活动，使学生在毕业时获得实质性的学习成果。

"金课"课程内容的设计应遵循成果导向原则，对接市场需求进而决定学校的培养目标，再由培养目标决定学生的毕业要求，最终组织教学内容。这样能最大限度地保证教育目标与结果的一致性。

"金课"课程内容还应根据学生的专业背景和实际情况，将学生高度关注和感兴趣的现实问题融入其中，切实考虑学生的诉求以满足个性化教学需要，以期提高高校课程的满意度以及学生的社会适应度。

（2）内容丰富全面，资源形态多样

大学是一个传授普遍知识的地方。"金课"建设应将通识教育和专业教育相结合，为学生建构广博专精的知识结构。丰富全面的"金课"内容能帮助学生拓宽视野，以达到思维和心理的全面提升。"金课"建设需要形态多样的教学资源做支撑，单一的教材难以满足学生个性化需求。随着信息技术与高等教育的深度融合，"互联网+高等教育"已然成为共享优质资源的新形态，借助数字教材、在线资源以及书本的整合帮助学生实现泛在化的学习，真正打破了教学内容在时间、空间上的局限，能满足学生随时随地进行碎片化学习的需求。

（3）课程内容要具有挑战性

挑战性要求教师作为教学组织者要花费时间和精力备课、讲课，作为学习主体的学生要在课堂教学中花费时间学习和思考。对学生而言，挑战性可有效激发学习动机和学习潜能，运用综合能力解决复杂问题，让学生在原有知识经验的基础上发现和创造新知识，在已知的基础之上创造新知识是学生在课堂参与中的最大收获。对教师而言，挑战性可促使教师在学术方面不断开拓创新。

（4）"金课"课程内容具备前沿性、思想性、跨学科性

课程内容是"金课"建设的核心。只重视如何教学、如何评价的"金课"只能称作"镀金课程"，只有课程内容与课程评价都符合"金课"的要求，才是真正的"纯金课程"。约翰·S.布鲁贝克（John S. Brubacher）说过，"高等教育研究高深的学问"，因此，大学课程必须体现高深学问的特征，也就是课程内容必须具备前沿性、思想性、跨学科性。

第一，"金课"课程内容的"前沿性"。"前沿性"体现在课程内容要紧跟本学科前沿，及时将本学科最新的知识纳入课程内容中。传统的课堂是一本教材打天下，然而时代在变、学科在变，理论指导实践，实践也作用于理论，课程内容必须与理论、实践齐头并进，人才培养质量才会大大提高。

第二，"金课"课程内容的"思想性"。"思想性"是"金课"的内在要求和属性，主要体现在课程内容要承担德育的功能。中国特色社会主义已经进入新时代，新时代高等教育人才培养更加强调"立德树人"，因此，注重与挖掘课程内容的德育功能和价值，是"金课"的重要标准。

第三，"金课"课程内容的"跨学科性"。跨学科性意味着"金课"课程内容要具有一定广度，避免学生出现"知识孤岛"的现象。人类学家克利福德·格尔茨（Clifford Geertz）曾论述，跨学科知识的整合学习与研究不仅是知识领域，而且是知识规则的改变。建构主义主张新的知识经验应建立在学生原有知识经验的基础上，因此，"金课"在课程内容上要根据学生的实际水平在不同学科之间建立有效递进和交叉关系，使学生在原有知识经验基础上形成交叉学科的学习能力。

3. 课程教学维度的特征

（1）教授全员授课，师德师风为先

"教师是教育发展的第一资源"，教师是新时代建设高质量"金课"的重

要支撑。教授作为高校教师队伍中的精锐骨干,他们在自己所擅长的领域承担着教学和研究的双重职责。教授具有扎实的专业基础,他们可将掌握的专业知识体系和前沿发展动态教给学生。因此,在"金课"建设中,教授应明确教学主体责任,将研究领域内的前沿成果融入课程内容中,为"金课"在课堂实施方面增"金"去"水"。

师德是一切教育工作者在教育活动中必须遵守的职业道德,良好的师德才能凝聚成良好的风尚,尊师重教才能蔚然成风。师德师风为教师铸魂,坚定的职业信念和道德修养更能帮助教师有效地落实立德树人的理念。

（2）教学能力强,教学方法多样

教师的教学能力是支持教师在各种教学情境中有效开展教学活动所必需的个性特征、知识、技能、态度的综合。因此,新时代背景下"金课"教师应将以学生为中心作为教学理念,教学态度认真、治学严谨并形成自己独特的教学风格,科学合理地组织教学内容,根据学生的学习能力水平选择教学方法,深入有效地进行课堂互动,使课堂教学更具有教育性、艺术性、情感性。

教师还应因课制宜、因生授课,选择多样性的教学方法。大学生拥有不同专业背景且思维水平和学习能力处于不同层次,教师在组织教学活动时须根据学习者的差异性选择教学方法。教育现代化和信息化的发展正催生着教学模式的改革,信息素养成为"金课"教师必须具备的基本素养。教师要将信息化手段运用于教学实践中,整合线上、线下、线上线下混合、虚拟仿真、社会实践等教学方式为学生提供实时、优质、个性化的教学服务。

（3）以学生为中心,课堂有效参与

人本主义主张教学应充分发挥学生主体的潜能和价值。"金课"应坚持以学生为中心,实现从传统的"教师传授知识"向"学生发现知识"的转变,即从"传授模式"向"学习模式"的转变。以学生为中心要聚焦以学生学习、学生发展、学习成果为中心。课堂教学过程中教师要由"导演"变为"观众",学生要由"观众"变为"演员",切实突出学生的主体地位,让学生在教师的指导下自主发现问题、解决问题,自主建构、创造知识,掌握自主学习的方法。

课堂有效参与要确保质量和参与度,即保证课堂教学中所有层次的学生积极主动参与互动，并在学习中进行认知、思维、行为、情感的高层次参与。课堂有效参与更在于学生全脑参与，"金课"教学应遵循学生大脑的认知规律，科学合理地进行全脑教学，促进学生身心全面发展。

（4）"金课"教学方法具备自主性、思辨性

教学方法，是"金课"建设的抓手。教学方法是帮助教师完成教学任务、达到课程目标的桥梁，教学方法的运用是否得当直接影响着课程教学质量。

第一，"金课"教学方法的"自主性"。"自主性"是指学生的学习自觉性。要实现"思辨性"，必须以"自主性"为前提。"金课"建设的最终目标，是促进学生发展，而学生发展必须以学生的主动发展为基础。因此，无论是课程内容还是教学方法，都要充分调动学生的主观能动性，视学生为知识的主动学习者而不是知识的被动接受者，培养学生自主学习的能力，形成终身学习的观念。

第二，"金课"教学方法的"思辨性"。"思辨性"反映在对复杂问题的思考与解决复杂问题的思维训练方面。"金课"对学生思辨能力的训练，需要引导学生对现有学术假设进行思考，这种思辨不仅是"是什么""为什么"这样简单的思考，更是建立在复杂因果关系、隐喻、普遍联系基础上的深度思考。

（5）"金课"师资队伍具备发展性、常态性、积极性

师资队伍是"金课"建设的关键，优秀的师资队伍是"金课"建设的灵魂，没有质量过硬的教师队伍，就没有质量过硬的课程。因此，师资队伍具备发展性、常态性、积极性三个标准。

第一，"金课"师资队伍的"发展性"。"发展性"指的是师资队伍质量高，后备人才充足，能保障"金课"建设的可持续发展。师资队伍水平的高低、后备人才充足与否，直接影响着"金课"建设的成效与后续发展的潜力。

第二，"金课"师资队伍的"常态性"。"常态性"反映在教师不断更新自身的知识体系，不断提升自身的专业水平、精进教学技能，拥有终身学习的理念。师资队伍的综合质量决定着"金课"建设的综合质量，没有质量过硬的教师就没有质量过硬的"金课"。

第三，"金课"师资队伍的"积极性"。"积极性"是指教师要对科研和教学充满热情，科研要抓好，教学也要抓好，要做到"重科研也重教学"。

4.课程评价维度的特征

（1）课程评价的目的在于以考辅教、以考促学

理念是人们对客观事物的看法和观念，"金课"课程评价要摒弃传统"分数"崇拜观，树立以考辅教、以考促学的观念。潘懋元先生曾言："长期以来，人们忽视了对作为教育主体的大学生学习的研究，忽视了从教学的本源上去解决质量问题。""金课"的评价更应注重师生双方的评价，对教师评价的目的在于促进其进行教学反思，对学生的评价目的在于促进其个体发展。

（2）评价内容扩展、形式多样、主体多元

"金课"的评价要摒弃传统的"高分低能"，要做到知识、能力、素质的全面发展，多层次、动态化、多主体进行课程评价。评价内容要针对不同学科特点、不同培养目标和学生差异，灵活而不失原则地选择。

单一的评价方式不足以获得全面的评价结果，因而"金课"在课程评价形式上要整合诊断性评价、形成性评价和总结性评价，评价过程还应运用大数据和智能评价工具进行评价，将质性评价与量化评价结合起来，为学生和教师呈现公正透明的评价结果。

建构主义理论强调课程标准的动态化、主体的多元性和互动性。对教师评价而言，应注重自我反思和同行评价相结合；对学生学习成果的评价而言，应将教师评价、自我评价、生生互评结合起来。

（3）"金课"课程评价具有开放性、多元性、科学性

课程评价，是"金课"建设的关键。"金课"要求课程评价要注重过程性评价，要能够客观反映学生的综合水平，有较好的反馈效果，学习结果要体现探究性与个性化。因此，"金课"课程评价具备开放性、多元性、科学性。

第一，"金课"课程评价的"开放性"。"开放性"体现在评价不再拘泥于标准答案，而是采用全新的评价方式，让学生自主思考、探究，自主寻找问题的答案，将学生的个性特点发挥出来，既增加了课程的难度，也增加了学习的深度。

第二，"金课"课程评价的"多元性"。"多元性"反映在课程评价由多个主体共同参与，体现了以学生为中心的理念，尊重学生的个性发展，增进了教师

与学生、学生与学生之间的感情，增加了课程"温度"。

第三，"金课"课程评价的"科学性"。"科学性"是指课程评价要对学生在整个学习过程中的学习效果与个人表现进行全面、有效的反映，强调学生在学习过程中的体验与感受，关注学生知识与技能学习的同时更关注学生在学习过程中是否得到了全面发展。

二、高校思想政治理论课"金课"的内涵

（一）高校思想政治理论课"金课"的概念界定

对高校思想政治理论课"金课"的概念界定，需要将思想政治理论课的要求以及"两性一度"（高阶性、创新性、挑战度）作为基本遵循和根本原则。换言之，高校思想政治理论课"金课"应当同时具备思想性、政治性、理论性、亲和力、针对性、高阶性、创新性、挑战性。

高校思想政治理论课"金课"应该是坚持以学生发展为中心，以增强学生获得感为目标，教学内容体现前沿性和创新性，难度合理，教学方法灵活有效，考核评价体系健全，立德树人成效显著的铸魂育人课程。

（二）思想政治理论课"金课"的重要意义

高校肩负着培养社会主义人才的神圣职责和使命，加强思想政治教育，是落实立德树人根本任务的要求，是为社会输送思想道德素质过硬人才的有力保证。努力打造思想政治理论课"金课"，加强对大学生进行思想政治教育，有利于帮助大学生形成正确的价值观和职业观，有利于为社会培养道德品质高尚、技能扎实的优秀人才。

高校思想政治理论课教师要结合大学生的特殊性，从实际情况出发，有针对性地开展思想政治教育，帮助大学生树立科学的价值观与职业观，使学生把全部精力投入知识学习以及职业生涯发展中。高校开展好思想政治理论课，努力打造思想政治理论课"金课"，有利于建设高水平高校，践行立德树人基本理念。

第二节　信息技术对思想政治理论课 "金课" 的驱动作用

一、信息技术对思想政治理论课 "金课" 建设的价值

落实立德树人根本任务在于高校思想政治理论课的高质量开展。这就要求高校思想政治工作者要与时俱进，不断探索符合本校特色的思想政治理论课程，做出思想政治理论课程改革成绩。在互联网的大环境下，思想政治理论课程也需要与时俱进，利用互联网的优势，打造具有亲和力、学生感兴趣、喜闻乐见的思想政治理论课程，充分调动学生的积极性和主动性，让思想政治理论课程焕发活力。互联网与思想政治理论课程相结合给思想政治理论课改革带来了生机与活力，注入了新鲜血液，改变了授课方式，可以在潜移默化中、在生活学习的方方面面对大学生进行思想政治教育，实现思想政治的有效输入。"互联网+思想政治 '金课'"，实质就是在互联网思维的指导下，将思想政治 "金课" 建设通过网络平台集成，实现思想政治理论课教学的信息化、集约化、一体化管理，从而为持续推动和不断优化思想政治 "金课" 提供良好的技术性支撑和保障，在学习形式、活力激发、效率提高等方面体现出越来越多相较于传统学习方式的新优势。

（一）教学互联，资源共享——提高教学的效率和质量

互联网时代的飞速发展，使学生获取信息的渠道越来越多，大学生群体也成为互联网的主要受众群体。高校的思想政治课程改革需要借助互联网进行创新，利用互联网不受时空限制的特点构建思想政治教学平台，使学生可以随时随地进行思想政治学习。利用互联网信息的便捷性和各种资源，可以对思想政治教育教学资源进行整合，拓宽学习渠道，加强和其他专业人士的沟通与交流。利用互联网的虚拟技术、智能手段、3D仿真技术等开展思想政治理论课课堂的体验式教

学、沉浸式学习，可以通过互联网的跨时空性了解革命知识、爱国故事，对相关的信息、图片、视频进行实时感知，强化视听感受，增强课堂的体验感，增加学生的学习兴趣。"互联网+"的模式，通过教学资源的网络共享和有效传播、线上线下的实时互动和解惑释疑等方式，彻底突破了传统教学方式和教学手段的空间界限性和时间"碎片化"等局限，实现了教学资源在师生之间的有效连接和同频共振，在教学方式上更加灵活，在教学内容上更具有辐射力，也可以对学生产生更大、更强的影响力，从而大大提高教师"教"与学生"学"的效率和质量。

（二）形式多样，内容丰富——提升教学的温度和热情

"互联网+"以网络平台为载体，选取更多形式多样生动、内容丰富新颖的资源，给学生带来了新的学习体验。根据不同学生的学习兴趣，对学生进行差异化、针对性、精准化的推送，包括时政新闻阅读、舆论热点讨论、视频资料观看、优秀典型介绍等，也包括政治、科技、文化、党史等多元化的内容。同时，可运用网络数据进行精准化分析，及时掌握学生的学习成果、思想动态和思想走向，更好地做到因地制宜和因材施教，让学习内容更加有的放矢。互联网融入思想政治理论课课程实现了思想政治理论课课堂的改革，使思想政治教育由"说教教学"转变为"启发教学"，由"集中教学"转变为"分散教学"，由"静态教学"转变为"动态教学"。互联网与思想政治理论课"金课"相结合，可以使教学更加贴近学生，让教师走进学生的世界，让学生对学习更加感兴趣、更加热情。

（三）共建共享，融慧聚智——促使教学资源的持续优化

传统的思想政治理论课课堂，主要建立在教师的"教"和学生的"学"这一单向的过程中，"灌输式"的教学现象在所难免。在教学中运用互联网可以实现教学资源来源途径的多样化，教学内容可以更加丰富和充实。教师可以通过"任务式"的教学设计激发学生自主获取教学资源的主动性，通过大数据调查，教师可以准确了解学生学习过程中的疑惑，让教学过程的设计可以更加符合教师和学生的需求。通过"齐心协力""融慧聚智""合作开放""共商、共建、共享"，打造"互联网+思想政治理论课'金课'"的网络资源平台，推进课程资源的一

体化建设，在满足学生个性化教育需求的同时，还能解决教育资源不平衡的难题。用互联网连接家庭、社会、学校，构建基于互联网的学习共同体，也可以进一步形成思想政治教育的合力。"互联网+'金课'"联动机制的建立可以充分实现师生互动下的"教学相长"，改变以往教师在课堂上"一站到底"、学生"一睡到底"的状态，为大学"金课"的打造提供更多可能性。

二、信息技术驱动思想政治理论课"金课"建设的原则

（一）把准"方向"——强调方向正确和培养目标的统一

思想政治课的核心特点就是思想性，首要问题就是解决学生的思想问题，做好学生思想上的引路人，在大学生面对各种思潮的情况下及时给予帮助和引导，帮助大学生辨别信息真伪，帮助大学生群体树立正确的价值观念，坚定理想信念、听党话、跟党走，成为德智体美劳全面发展的社会主义建设者和接班人。面对纷繁复杂的国际国内环境，当代青年学生的生活和学习方式越发呈现差异化，国内外各种思潮也越发多元化。我们对青年学生的教育，比以往任何时候都应该把正确的政治方向放在首要位置。新时期思想政治理论课"金课"的打造，应该始终高举马克思主义大旗，把社会主义核心价值观教育作为核心内容。基于互联网技术的思想政治理论课"金课"作为一种新的教学手段和方法，要把强化正确的政治方向当作基础来抓，要积极有效地融入习近平新时代中国特色社会主义思想理论、价值目标和形势任务，要充分发挥课程网络和教学平台覆盖广、功能强、影响大的优势，确保广大青年学生在学习和实践中始终坚持正确的政治方向。

（二）强调"严肃"——坚持稳定性和灵活性的统一

稳定性是传统思想政治理论课课堂的突出优点，教学工作和教学安排主要遵循按部就班、循序渐进的原则；"互联网+"则为思想政治理论课"金课"建设提供了充分的灵活性，在时间、空间、学习方式等方面体现出较大的弹性，但是给课程教学的稳定性又带来了一定的冲击。因此，"互联网+思想政治理论课'金课'"的打造必须在教学原则上坚持稳定性和灵活性的统一。首先，从思想上重

视，强调其严肃性，正视"互联网＋"的运用只是手段和方法上的改进和创新，其目标与传统课程并无冲突；其次，在实施中融合，必须坚持线上与线下相互结合、网络与课堂交叉使用，特别是要对诸如实习内容、学习时长、在线测试、在线答题等进行必要的监督和把控；最后，在考核上规范，对学生在网络上的学习进度、作业考核、问题反馈等要有准确的实时记录和必要的时间限制，对各项任务要细化、量化，定时、定查，避免突击式地完成任务。

（三）突出"严格"——确保"形式"和"实质"的统一

"互联网＋"视域下的思想政治理论课"金课"建设，包括课程资源的"e览无余"、学习流程的"e丝不苟"，都是基于工具价值的教学追求，而我们对课程教学目标的追求却丝毫不会放松，需要确保"形式"和"实质"的高度统一。首先，要防止过分强调网络教学的作用，防止教学工作成为网络上的"形式主义"，甚至在"刷分数""刷进度"的要求下使教学变得冷漠和麻木；其次，基于课程网络资源共享之下的教学方式也不能忽视传统教学中师生"面对面"沟通的作用，师生近距离沟通的过程中，语调、表情甚至情绪都会对学习效果产生重要的影响；再次，要避免或防止课程网络学习"形式"合理性替代教学"实质"的合理性，学习过程必须一以贯之和规规矩矩，避免学习简单浮在表面上、停在网络上，必须坚持做到"留痕"又"留心"；最后，要重视网络思想政治教育，也要重视实践育人，将实践育人和社会实践、劳动教育结合起来。

三、信息技术推动思想政治理论课"金课"建设的实施途径

当今世界，随着互联网技术的日新月异，大数据、云计算等现代技术手段深刻影响着青年学生的思维方式和生活方式。作为"网络原住民"的大学生，已经是大学校园的主体。因此，互联网背景下的思想政治理论课建设，更多地应该在师资、平台、创新上下功夫，用慕课、微课、翻转课堂等更多适合当代青年学生特点的现代信息技术手段改造传统思想政治理论课，让政治性、高阶性、创新性的改革目标在打造"互联网＋思想政治理论课'金课'"的过程中得以实现。

（一）以马克思主义理论为指导打造思想政治理论课"金"师

"互联网＋思想政治理论课'金课'"建设，给教师队伍建设提出了更高要求，政治素质过硬是首要标准，加强马克思主义理论的学习是首要内容，信息化技术的学习、平台的搭建和资源的网络化是首要认识。

1. 把"政治素质过硬"作为思想政治理论课"金"师遴选的首要标准

思想政治理论课教师是否具有良好的政治素养是能否完成立德树人根本任务的关键。作为一名思想政治理论课教师，必须时刻坚持"两个维护"，牢固树立"四个意识"，坚定"四个自信"，牢记"四个伟大"历史使命，始终和党中央保持一致，在大是大非面前勇于"亮剑"。因此，对当前的思想政治理论课教师队伍，要加强政治意识教育和政治素养考核。淘汰思想政治理论课"水课"，从去除政治立场上的"劣"师做起，树立更多爱国爱党、志向高远的"金"师典型。

2. 把理论教育作为思想政治理论课"金"师理论学习的首要内容

思想政治教育工作不仅是思想政治理论课教师单方面的工作，还是一项需要全员参与的工作，是需要各方协同育人的系统工作。高校的思想政治教育改革与高校"课程思想政治"要结合在一起进行推进，要使"课程思想政治"顺利进行就需要专业课教师学习马克思主义的理论成果，学习当代最新的马克思主义中国化理论，要把理论教育作为思想政治理论课"金"师理论学习的首要内容，促进教师思想政治理论的不断系统化、最新化。

3. 把实践思维作为开展思想政治理论课"金"师教学的首要认识

实践的观点是马克思主义首要的基本观点，是马克思主义理论发展的基础。思想政治理论课"金"师要不断深化对马克思最新理论的理解，自觉学习和宣传习近平新时代中国特色社会主义思想；要自觉把"理论＋实践"的教学模式和理论宣讲—实践检验—理论升华的逻辑贯穿于教学的全过程；还要把能力提升延伸至互联网技术的学习、线上教学平台的搭建、教学内容的信息化等方面。

（二）以现代互联网技术为基础建设思想政治理论课网络平台

1. 运用微传播媒介，使思想政治理论课形式活起来

当前，微博、微信、快手、抖音等微传播媒介逐渐成为流行的互联网生活平台。思想政治理论课要利用好这些年轻人喜闻乐见的微媒介，通过这些微载体，增强思想政治理论课课堂的丰富性、多样性和互动性。教师要多学习这种新的微媒介，通过微博、微信公众号等平台，多发送有温度、有力度、有深度的优秀作品，将其作为课堂教学的有益补充，引导学生在媒介平台上积极开展"微"对话，让爱国奉献、社会美德、理想修养等主题得以有效弘扬。对当前大学生思想中存在的一些误区和当前社会思潮中的"杂音"，教师也可以通过微媒介加以修正和批判。

2. 打造专门的平台，让思想政治理论课线上线下融合起来

思想政治理论课"金课"改革，也应该通过这种共享网络课程平台，实现师生即时交互、形式多样的混合教学模式。还要把建成思想政治理论课专门网络平台作为课程建设的重要目标。在此平台上，不仅能实现思想政治理论课教学内容的实时更新，教学主、客体的互动研讨，还能成为课后线下作业推送、社会实践监控的载体。首先，通过网络思想政治理论课"金课"的影响和带动，进一步推动线下思想政治理论课"金课"的建设；其次，通过线上平台，让师生互动起来，促使学生课前有预备、课上讨论能聊起来、课余实践能动起来；最后，鼓励学生通过微博、微信等网络媒体，发表对思想政治理论课课堂学习的思考、对社会现象的感想，增强大学生的成就感和责任感，真正实现思想政治理论课课堂内外的广泛延伸。

3. 引入虚拟仿真技术，将思想政治理论课与所见所学连起来

虚拟仿真教学综合应用大数据、人工智能、虚拟现实等网络化、数字化和智能化技术手段，能够有效提高实验教学项目的吸引力和教育教学实效性。思想政治理论课课堂中，如何调动学生的兴趣和参与意愿，尤其是虚拟场景中的代入感是最大的难题。虚拟仿真技术可以创设虚拟仿真场景，直观、具体地让学生身临

其境，全方位调动人体感官，把祖国大好河山、革命奋斗历程、优秀传统文化等内容真实地展现出来，把学生所学、所见连成一体。虚拟仿真智能实践，拉近了课堂与实地之间的距离，促进了历史与当下的交互，实现了教学目标与效果的转化，通过与数字世界的对话，更好地激发了学生学习的真实感和参与感。

（三）以创新性思维为导向提升思想政治理论课的活力

当今世界科技发展日新月异，唯有创新才是社会不断进步的源泉。新形势下，要根据时代发展的新特征、学生成长的新特点、教学手段的新变化，把历史性作为创新的基础，把批判性作为创新的手段，把科学性作为创新的目标。

1."互联网＋思想政治理论课'金课'"建设要把历史性作为创新的基础

历史是创新的前提与基础，要借助互联网的技术、平台丰富思想政治理论课教学的内容与形式，不断创新思想政治理论课的实践方式，将线上教学与线下教学结合起来，顺应时代发展。高校可以通过"学习强国"等平台，调动学生的积极性与主动性，把历史融入课堂，把思想政治教育带入学生生活与学习。

2."互联网＋思想政治理论课'金课'"建设要把批判性作为创新的手段

高校思想政治理论课程要传递社会主流价值观，对社会上各种错误思潮要进行指出与批判，尤其是学生群体在面对错误思潮时更要加以引导，使思想政治理论课课堂成为高校舆论的前沿阵地，因此，在思想政治理论课程教学中要坚持理论与实际相结合、坚持建设性与批判性相结合的方法。批判能使学生认清形形色色的错误，分辨不明真相的杂音，引导学生运用马克思主义的立场和观点，分析西方错误思想的实质，彰显马克思主义理论的真理力量，最终实现思想政治理论课"金课"改革的批判性创新。

3."互联网＋思想政治理论课'金课'"建设要把科学性作为创新的目标

新时代的思想政治理论课，要利用好互联网平台，把科学精神的塑造、科学思维的培养、科学手段的运用融入思想政治理论课改革中。实事求是是科学精神的集中体现，思想政治理论课"金课"建设要坚持塑造科学精神，让广大学生汲取信仰的力量，树立社会主义核心价值观。思想政治理论课"金课"的建设要实现创新的目标。一方面，要积极适应当前世界孕育的新一轮科技革命，从做好思想政治教育工作的角度转变学生观念。事实上，随着我国高铁技术、载人航天等最新科技成果的研发，学生的爱国情怀已经被进一步激发出来。另一方面，慕课、微课、虚拟仿真等"互联网+"的教学理念和方法的逐渐成熟，也让科学的教学手段给思想政治理论课课堂改革插上了创新的"翅膀"。

第三节　实践教学在高校思想政治理论课"金课"中的开展

一、高校思想政治理论课"金课"实践教学的基本概念

（一）高校思想政治理论课"金课"实践教学的内涵

从形式上来看，实践并不是单一的，有很多种不同的形式，例如社会关系实践、生产实践等。

教学是发生在学校教育活动中的一种实践活动，属于社会实践活动。这一实践活动首先要有教师和学生共同参与，教师向学生传授知识与技能，并在教授过程中充分发挥自己的主导作用；学生在教学活动中获取知识与技能，让自己的知识不断丰富、技能不断提升。在这一过程中，教师和学生相互影响、相互促进，最终促使学生实现全面发展。

随着教学理念和教学方式的不断更新，实践教学出现在我们的视野中，实践教学和我们通常所说的教学活动是不同的，特别是传统教学中我们经常用到的授受式课堂教学方式。实践教学最大的特点在于在实践教学活动中，教师和学生的地位与角色发生了变化，在这一教学模式中，学生成为主体，教师根据教学目的，设计一个具有针对性的情景，通过在这一情景中的实践活动，学生将课堂中需要学习的知识转化为自己的亲身体验，完成了对知识的学习和把握。

通过对上述概念的理解并结合当前的教学实际，可以将实践教学视为思想政

治理论课"金课"中的关键所在。在实际教学过程中，学生经由教师的指导，以完成原有教学目标为出发点，借助教学规划及教学大纲，融入社会实践中，提高自身进行社会活动的积极性，并在潜移默化中掌握当前社会的要点内容，使道德素养得到升华。由于真正做到了与社会接轨，因此，学生还能够加深对马克思主义方法论及世界观的认识程度，养成良好的思维习惯。

（二）高校思想政治理论课"金课"实践教学与理论教学的关系

高校思想政治理论课教学包含两个方面的内容，分别是理论教学和实践教学。这两种教学之间的关系可以用对立统一概括，二者之间既有相互联系的部分，也有不同的地方。通过对理论教学和实践教学两者之间关系的把握，能够有效地提升高校思想政治理论课"金课"的实效性。

理论教学与实践教学属于两种不同类型的教学，两者之间的不同可以通过以下三个方面来把握：

一是授课内容方面。两者的授课内容是不一样的，理论教学主要讲授的是"马克思主义基本原理""思想道德与法治"等内容，这些是教学大纲要求的课程内容，教师通过在课堂上讲授的方式教授给学生，引导大学生树立正确的世界观、人生观、价值观。实践教学的方式很多，例如校园实践、社会实践等，其开展主要是为了让大学生能够将课堂中学到的理论内容和实际生活相联系，从而让他们对在课堂中所学的知识有更深一步的理解，让学生能够在实际问题中应用学到的知识和理论，提升其分析问题和解决问题的能力。

二是授课方式方面。两者的授课方式是不一样的。理论教学在授课时大多采用的是教师课堂讲授。采用这种方式的原因主要有以下两个方面：一方面，大学生的社会生活是有限的，年龄大多在18～23岁，这就导致他们不能深刻地理解马克思主义基本理论，甚至于一部分学生根本不理解，那么这时，教师就要帮助他们学习，在课堂上将马克思主义基本理论给学生进行讲解，让学生能够理解并掌握马克思主义理论；另一方面，大学生的世界观、人生观、价值观还没有最终形成，是处在变化之中的，如果想要他们形成正确的"三观"，就需要正确、系统地学习，那么教师就要将这些正确的理论教授给他们。

三是对大学生的要求方面，两者是不一样的。可以说，理论教学是为了让学生通过课堂的学习对马克思主义基本理论有一个较为全面、系统的把握，并在学习中对我国的国情有正确、全面的认识，为树立正确的、科学的"三观"打好理论基础。而实践教学可以说更偏向于学生个人能力方面的提升，学生通过参与教学实践活动，对以往的理论问题有了更深一步的理解，能够将理论与实践相结合，对问题进行思考与研究，学生在实践活动中的学习成果可以以心得体会、调查报告等方式体现出来。通过实践教学，学生加深了对理论知识的理解和掌握，提升了理论联系实际的能力，同时，对大学生的人际交往、独立思考等各方面的能力提升也有很大的帮助。

实践教学和理论教学又是相互联系的，二者相辅相成、相互促进。理论教学是实践教学的必要准备，实践教学的开展需要理论教学的成果指导。反过来，实践教学能够巩固理论教学的成果，成为理论教学的依托。实践教学和理论教学之间的联系具体可以从教学目的、教学方式及教学内容这三个方面理解。

一是二者在教学目的方面的联系。可以说二者有着一致的教学目的，它们都是为了提高大学生的马克思主义理论素养，帮助大学生树立科学的世界观、人生观和价值观，提高大学生认识问题、分析问题及解决问题的能力等。

二是实践教学和理论教学的教学方式是相互依存、互为存在前提的。一方面，理论教学必须依托于实践教学，搞好实践教学，有利于增强教学的实效性。另一方面，实践教学依赖于理论教学，实践教学系列活动的开展需要以理论教学为指导。

三是实践教学和理论教学在教学内容上是相互渗透、相互作用及相互促进的。从理论教学来看，理论教学中渗透着大量的实践教学成果。在理论教学过程中，教师为了更好地讲授理论知识，论证理论的正确性，会应用实践教学的成果使得理论教学更具吸引力、说服力和针对性。而从实践教学的角度看，其中也渗透着理论教学的成果。理论教学过程中出现的疑点、难点、重点等问题需要通过实践教学活动解决或佐证。

（三）高校思想政治理论课"金课"实践教学的显著特征

与传统课程相比，高校思想政治理论课"金课"实践教学活动通常呈现出如下特征：

1. 实践教学具有综合性

综合性特征主要在以下两个层面有所体现：

一是实践教学的内容具有综合性。虽然从教学客体角度而言，它面向的客体较为单一，大多仅针对某一特定的领域。但是如果以内容为出发点进行分析，则可发现它将政治、经济及思维等多项内容涵盖在内，综合性较强。

二是让该实践教学以实现全方位的综合发展为目标。与传统教学中侧重提升某一能力不同，在该实践教学中，追求品性、能力及思维模式等多方面的提升。

2. 实践教学具有现实针对性

进行高校思想政治理论课"金课"实践活动的最终目的就是以理论与实践相结合的教学方式，将学生与当前社会相连接，并经由包括考查在内的多种途径加深其对社会、国家及民众的认识程度，以自身所学为基础，并将之应用于实践中，进而妥善处理面临的问题。这种模式，还能够对学生理论知识的掌握情况加以反馈，将其与当前的实际结合起来，探究两者存在的共同点及差异之处，增强自身分析问题及处理问题的能力。综上可知，与传统教学模式相比，实践教学具有诸多优点。

3. 实践教学具有双向性

顾名思义，双向性指的是学校和社会之间的沟通是双向的，不是单向的。也就是说，实践教学不仅是学校与社会进行沟通，也是社会与学校进行沟通。在这个双向沟通的过程中，教师不仅要考虑作为主体的学生的接受程度如何，也要意识到教学活动之外的事物和社会环境的影响也是非常重要的。在实践教学活动中，实践教学基地的作用不能仅仅定义在一个实践教学的场所，在制订教学计划时，除了指导教师，实践教学基地也应该派出有经验的人员参与，同时，在教学实践活动结束后，教学基地还要将教学实践活动中的一些信息向学校或者相关人员、部门进行反馈。在教学基地进行实践教学活动的优势不言而喻，在实践场所上，实践教学基地是安全、有保障的，同时，还能够提升教师的职业技能和专业素养，教学的针对性和实效性也得到了有效的提升。

4. 实践教学具有开放性

以核心目标及最终任务为出发点对实践教学活动进行分析，可以发现，其并非闭门造车的过程，在各方面都是开放的。其一，活动环境没有固定不变的边界；其二，在实践教学过程中并未施加限制，因此，对学生而言，并不需要按照要求进行实践活动，最大限度地确保了学生的积极性以及主观能动性的发挥。在面临实际问题时学生群体能够以自身意识为出发点，采用不同形式、不同方法解决遇到的问题。综上所述，无论是在教学形式、内容还是过程及结果等方面均具有一定的开放性。

二、加强高校思想政治理论课"金课"实践教学的必要性

（一）加强实践教学是提高思想政治理论课实效性的重要途径

作为一门学科，高校思想政治理论课"金课"不仅具有很强的政治性，还具有很强的科学性与时代性。思想政治理论课"金课"的作用是非常重要的，并且其价值是独特的，高校通过这一课程对大学生进行思想政治教育，但仅仅在课堂教学中对学生进行理论知识的传授是远远不够的。开展实践教学是对理论教学的补充和完善，两者齐头并进，可以相互促进、相互发展，最终提升思想政治理论课"金课"教育教学的实际效果。当前，加强思想政治理论课"金课"实践教学是非常有必要的，可以从以下三个方面理解：

第一，从课程的性质上说，高校思想政治理论课"金课"是马克思主义性质的课程，主要是对马克思主义理论进行教授。而马克思主义理论的来源是实践，也是实践让马克思主义理论更加丰富，并不断向前发展。所以我们说，思想政治理论课"金课"是科学的，是具有思想性的和实践性的。可以说，如果离开了实践，马克思主义理论根本就不可能形成。随着时代的发展与进步，马克思主义基本理论对于新问题的诠释必须依托新时代下的新实践完成。就思想政治理论课

"金课"教育教学而言，就是要在充分发挥学生主体性、教师主导性的基础上，通过一系列实践教学活动加深学生对马克思主义基本理论的理解，使其更加坚定对马克思主义的信仰。

第二，从课程的特点来看，与时俱进作为思想政治理论课"金课"教学的突出特点，要求在课程教学过程中必须根据新时代的变化，包括世情、国情、民情及学情等方面的变化不断进行调整改革。新时期大学生成长的环境决定了自身的时代特色。虽追求真理，但不满足于被动接受单向的理论灌输；虽关心政治，但不满足于缺乏实践枯燥的政治说教。所以，高校思想政治理论课"金课"要大力开展实践教学，将课堂理论与实践活动结合起来，让学生通过课堂的学习和实践活动的参与具备综合的能力与素养，形成正确的"三观"，让他们能够在实现中国梦的伟大进程中贡献力量，夯实中华民族伟大复兴所需要的人才基础。

第三，从教学目的来看，思想政治理论课"金课"作为各大高校公共基础课的重要组成部分，不像专业课以传授学生知识和技能为主，而是旨在帮助大学生树立正确的"三观"，提升大学生的思想道德素养，培养德智体美劳全面发展的时代新人。而实现这一伟大而光荣的目标仅仅依靠理论教学是难以实现的，必须加快推进实践教学的改革和创新，要借助多样化的实践教学形式，利用好社会这一大课堂，将理论教学和社会实践充分结合起来，使广袤大地成为学生学习成长的最好教材。

（二）加强实践教学是培养适应新时代人才的必然要求

进入新时期，人们越来越意识到科教兴国的重要性，世界各国在教育理念上也达成了一个共识，那就是教育强则国家强。近年来，我国对教育事业越来越重视，并且在这一方面的投入也越来越大，其目的就是为了培养符合新时代要求的高素质综合型人才，为在社会主义建设的道路上所需的人才提供保障。当前，我国已经进入中国特色社会主义新时期，进入新的发展阶段，对人才的需求也有了新的变化，对人才的培养有了更高层次的要求。我们需要培养的人才是高素质的，他们要具备一定的创新意识和能力，还要有较强的实践能力，同时也要有较高的思想品德素养。基于此，在培养人才的过程中，不应该把知识与技能的传授放在首位，应该先让学生树立正确的思想观念。如果想要让不同领域内的优秀人才能够对社会的良好发展做出贡献，首要条件就是他们的思想观念是正确的，他们的人生观、世界观、价值观是科学的。而高校思想政治理论课"金课"就是为了实现这一目的，培养出一批高素养、"三观"正的人才，让他们为我国社会主义事业的发展"添砖加瓦"。高校思想政治理论课"金课"除了要让学生掌握科学的理论，引导学生形成科学的世界观之外，从根本上说，是为了让学生在实践中应用所学的理论，提升其分析问题、解决问题的能力。可以通过多种多样的实践教学方式，让学生养成良好的道德品质，具备一定的社会实践能力。比如可以在校内开展相关内容的辩论赛，也可以组织学生走进社区，进行法律宣讲、普及法律知识等，这些对学生能力的提高、道德素质的培养都可以产生重要的影响和作用。

三、改善思想政治理论课"金课"实践教学的对策

（一）全方位提高对思想政治理论课"金课"实践教学的认识

随着教育改革的实施，党和国家越来越重视实践教学活动，重视学生的实践动手能力，这就要求不论是高校层面，还是领导层面，不论是教师方面还是学生方面，都要对思想政治理论课实践教学有正确的认识，要正确认识到在学生全面发展和综合素质提升方面，实践教学所能发挥的重要作用。这也是思想政治理论课实践教学能够顺利开展的基础保障。

1. 提高学校领导对思想政治理论课"金课"实践教学的认识

学校领导对学校整体方向的把控具有重要作用，要想促进高校思想政治理论课实践教学的发展，首先就需要高校的领导认识到实践教学对学生发展及能力提升方面能够产生的重要作用，进而将思想政治理论课及思想政治理论课实践教学提升到重要的地位，这是实践教学能够不断发展的重要条件。

提升学校领导层思想认识，主要可以采取以下四个方面的措施：首先，身为学校的领导者，要加强自身的理论学习，尤其是针对思想政治理论课来说，坚守正确的政治观念和价值观是非常有必要的；其次，在对思想政治理论课的理论基

础进行全面了解的基础上，要从学校的政策及文件方面保障实践教学的高质量发展；再次，从学校的组织结构方面来说，应该由学校领导提出建议，成立专业的思想政治理论课实践教学领导小组，并设立办公室，由专门的人员负责思想政治理论课及实践教学活动的综合统筹协调；最后，要对任职实践教学活动的教师进行专业的培训，保证师资力量的高质量，加大对实践教学的经费投入，保障实践基地、活动费用等的支出，提高实践教学活动的参与性和效果。

2. 提高教师对思想政治理论课"金课"实践教学的认识

教师是教学活动的承担者，是与学生直接接触最频繁的主体，教师对思想政治理论课及实践教学的认识，对课程及实践教学的顺利开展，以及教学质量的提升具有重要作用。通过调研我们发现，部分教师对思想政治理论课的认识仍停留在较为浅显的、表面的阶段，对思想政治理论课的重要性、实践教学的流程、实践教学的意义并没有深刻的认识，这也在一定程度上造成了思想政治理论课及实践教学活动流于表面，没有能够深入开展。因此，要想做好思想政治理论课及实践教学，需要从教师入手，要让教师认识到思想政治理论课及实践教学的重要意义，这样才能使教师在教学过程中倾注更多的心血，设计更多的实践活动及项目，提高学生对课程及实践活动的参与度，增强实践教学的实际效果。

为了促使教师能够正确认识和把握思想政治理论课及实践教学，可以从以下两点进行：

第一，在实践教学的学习方面，教师要有所加强，不仅要对实践教学的内容进行学习，还要对其流程、重要意义等方面进行学习。要让教师真正发现实践教学对学生的培养具有重大的作用，让他们意识到在实践教学中，学生的主观能动性得到了充分发挥，学生独立思考的能力、沟通合作的能力、个人的创造力、理论联系实际的能力都能够得到很好的提升，只有这样，教师才能够从内心真正认可实践教学，并且更加重视实践教学。

第二，对教师各个方面能力的培养要有所加强。具体来说，教师的引导能力、组织能力等都需要进一步培养，只有教师具备了多方面的能力，在复杂的实践教学过程中遇到问题时，他们才能自如地应对，也只有这样，实践教学才能真正发挥其应有的效果。

3.提高大学生对思想政治理论课"金课"实践教学的认识

无论开展何种教学工作，通常情况下，受教育者对知识的渴求程度、学习各种规则、文化成就的自觉性，以及积极性将会对教育的实际成效造成直接的影响。由此可见，如果只通过教育主体的个人努力，很难获得良好的教育成果。不难看出，在高校中开展相关的实践教学时，大学生参与实践教学活动的积极性、自觉学习更多实践内容的意识、对实践教学的理解等均会对教学成果造成直接的影响。所以，在开展相关的教学活动时，必须从大学生的角度出发，通过合理手段调动其参与活动的积极性，使其能够对思想政治教育有更加正确的认识，从而提升对实践教学的重视度。

首先，在开展思想政治理论课理论教学时，要充分调查并且正确认识大学生的兴趣和学习的动机，将他们的学习兴趣和动机作为开展实践教学的切入点，让他们正确认识并理解思想政治教育。不同学生的需求也是不一样的，教师应该对此有一定的了解，在此基础之上，分析实践教学的相关内容，然后将学生的实际需求和实践教学的内容结合起来，并且对他们之间的关系进行透彻的解析，进而找到一个合理的切入点开始实施教学，这样能够充分激发学生学习的兴趣。举例来说，在课堂中要对某一内容进行研究和讨论时，可以先由教师向学生说清楚关于这节课的要求，在学生都听明白了这些要求之后，教师要向学生阐述为什么要举办相关活动，其作用是什么、有什么价值，进而再要求学生深入、透彻地探讨活动的内容。一方面，通过这样的方式可以让学生非常清楚他们所要学习或者研究的理论知识是什么；另一方面，能够促使学生之间进行交流，锻炼他们的表达能力，提升团队协作的意识和能力。在这样一节课结束之后，其效果肯定要比传统课堂的教学效果更好。

其次，可以借助一些因素，通过这些因素激发大学生学习思想政治理论课的兴趣和动机，让他们自愿并且积极地参与到思想政治理论课的各类教学活动中，需要注意的是，在选取因素时，一定要合理、科学。第一，在开展实践教学时，可以采用设置问题情境的方法，教师要分析授课的内容，然后针对要学习的内容或者相关的问题，为学生设置一个合理的情境，让学生对这一情境产生兴趣，在一定程度上激发了他们的学习动机。教师可以采用多种不同的方法来设置问题情境，比如说，可以在课下布置一些作业，让学生自己在课余时间去查找、收集资料，加深对理论知识的学习和理解。还可以在课堂提问，让更多的学生参与进来。第二，对学生在教学中的表现，教师要及时给出反馈，对他们做出相应的评价。这是因为对学生给予批评或者表扬，然后再通过一定的引导，也能够引发并维持他们的学习，并且让他们有动力朝着自己的学习目标前行。第三，大部分学生都是不服输、不甘示弱的，教师可以在教学中利用大学生的这一特点，用科学、合理的方法，让越来越多的学生参与到教学活动中。比如教师开展实践教学时采用的方式是演讲比赛或者辩论赛，那么在教学活动结束之后，教师可以对参与的学生进行一个排名，这样不仅让成绩好的学生有了下次参加教学活动的积极性，也激发了排名靠后的学生的学习动力，争取下次取得更好的成绩。

4. 提高社会各界对思想政治理论课 "金课" 实践教学的认识

思想是行动的先导和动力，只有认识到位，才能行动自觉。因此，只有社会各方正确认识高校所开展的实践教学活动，全面了解思想政治理论课实践教学的意义和价值，才能在行动上支持思想政治理论课实践教学系列教学活动。从这个角度来看，当前的思想政治理论课实践教学系列活动的开展存在的诸多困难，社会实践教学活动开展遭遇的困难尤其突出，这与社会对其理解和认知偏差有很大的关系。高校思想政治理论课实践教学大部分活动形式是需要走出静态的教室，走出校园，进行社会实践。社会是最大的一所学校，学生可以学到很多大学里学不到的品质、心性、意志、眼界等，所以需要社会的大力支持，社会应当与学校一同为学生的思想政治社会实践创造环境和条件。

社会对大学生思想政治理论课的社会实践应当尽其所能地去接纳，不管是城市街道还是乡镇村社，不管是企业还是单位，对尚未踏入社会的大学生来说都是难得的机会。实际上，这也是一个互利共赢的过程，是高校资源与社会资源的交流和互鉴。对社会来说，是高校资源向社会民间的流动，对当地或者企事业单位来说是新的发展机遇，对大学生来说，社会的真实现状毕竟不同于书本中的内容，从中可以得到很大的收获。从这个角度来说，社会各界也应当支持思想政治理论课的社会实践教学，这对人才培养和对国家建设都是有利的。

（二）加强高校思想政治理论课"金课"实践教学队伍的建设

新时代高校思想政治理论课教师队伍的质量关系到高校立德树人这一目标的实现。思想政治理论课实践教学以开展活动为中心，活动设计与组织的好坏，直接影响实践是否算是一个成功的实践。教师作为活动的策划者和指导者，在实践活动中极其重要，因为他们肩负着活动设计和监控活动动向的职责。因此，教师素质是思想政治理论课"金课"实践教学的直接影响因素，这个素质包括理论修养、教师修养，以及执行能力等综合素质。但是，实践教学是一个全方位的活动，牵涉很广，教师虽然有着直接影响，但还需要社会各界的全力配合。个人能力再强，仅凭一个人的单打独斗同样是无法完成任务的。总之，思想政治理论课实践教学要想有效、有意义，使得学生有所收获，实践单位有所收获，首先应当注重教师素质的培养和提高，教师要有积极性，有专业能力，也要有活动执行力。

1. 为思想政治理论课"金课"教师创造必要的物质条件

思想政治理论课实践活动需要由相关的教师组织或者策划，如果想要呈现出一个水平比较高的实践教学活动，需要思想政治理论课教师具有较高的素质，这不仅需要教师自己学习，提升专业素质和综合能力，还要给教师提供一定的保障条件。

首先是物质条件，可以说物质是基础，教师的发展离不开相关的物质基础。这里的物质基础有两方面的含义：一方面，指的是开展实践教学活动中所需要的物质准备；另一方面，指的是教师在发展与提升中所需要的一些物质保障，只有给予了教师一定的保障，他们才能后顾无忧地投入教学研究中，才能对自己的事业更加热爱。从宏观上看，物质基础可以分为两方面的内容：一方面是物质奖励，另一方面是政策保障。从物质奖励方面来看，对教师的奖励与惩罚的相关措施，每个学校都有相关的规定和政策，比如说教师评优、职称评级等，但是，当前的一些规定和政策比较偏重精神层面，物质奖励方面有一定的欠缺和不足。教师投身教育事业，热爱教育事业，时刻感受着这一职业给他们带来的光荣和责任。但是，如果说仅仅对其进行精神上的奖励而缺少物质方面的奖励，教师对这一职业的热爱难免会有所减弱，不论哪个行业都是如此。另外，教学设计并不是一件简单或轻松的事，一个好的教学设计需要教师投入相当多的精力，尤其是开展实践教学活动需要投入的精力更多。教师在设计教学活动时首先要做到的就是计划要严密并且能够灵活应变。活动中要统筹把握，兼顾每一个学生，观察到方方面面的细节，过程中要对整个活动进行把控，在应对突发事件时，要灵活变通，对教师来说，这并不是一件简单的事情，在实践活动结束之后，还要对学生的表现进行评价，对实践活动进行反思等。所以，我们说这不仅是一项体力劳动，也是脑力劳动。基于此，我们要对教师给予一定的物质奖励，让他们保持教学热情，更加积极地投入到下一次的教学活动中。

在政策方面，学校应当给予高度的重视。一方面，政策的缺失或政策的反复变化会影响教师教学的态度；另一方面，会影响教师队伍的建设和发展，不利于教师队伍的扩大。学校在制定相关的政策时，要考虑以下三个方面的因素：首先，针对学校现有的教师队伍，政策应该是相对稳定的，同时还要让教师感到友好，这样会给教师带来稳定、可靠的感觉，让教师能够安心地长期发展，不用担心政策反复变化而萌生辞职的念头；其次，对教师人才引进、政策的制定等方面应该凸显出一定的倾斜，能够吸引优秀的人才以扩充本校的师资队伍，人才的引进所带来的影响不仅仅是在人才数量的扩充方面，还能够带来更多新鲜的观点，让整个教师队伍充满活力；最后，是对外部力量的借助，在制定政策的时候，可以借助外部的力量，因为他们具有丰富的实操经验，会给政策的制定带来有益的帮助，例如可以向实践基地的工作人员询问他们的看法，或者请教实践教学方面的专家学者等。

2. 加大对教师在思想政治理论课"金课"实践教学业务能力的培养力度

高校思想政治理论课实践教学是一项复杂全面的活动，牵涉面颇广，在活动准备阶段，对教师提出的要求不仅仅体现在专业素养和教学技能方面，更体现在综合能力方面。因此，学校应当在教师培养上花费更多的心思，投入更大的力度，除了关注教师的专业能力，还应当关注教师的综合素质，这样才能真正建成一支能够组织实践活动的高素质教师队伍。

首先，为有脱产学习、全日制进修意愿的教师提供支持，这主要表现在政策方面。思想政治理论课本身就是一个与时俱进的学科，教师不仅应该有与时俱进的观念，也应当在此方面付诸行动，不断学习，提高自己的能力和水平。而脱产学习是指暂时放下自己的事业，全身心投入新阶段的学习，是最直接也是最有效的提升路径。

其次，学校应当积极主动地组织教研互动。不管在什么时候，集中学习和集体教研活动在教学中都是不可或缺的，包括集体备课、集中学习及教师之间相互听课等形式。要充分发挥集体的作用，集思广益、相互学习、相互借鉴，以便取得共同进步的效果，这是单方面的个人学习不能替代的。

最后，相关资料的丰富和资源引进体系的完善，对高校教师来说，专业资源是很重要的，主要指图书馆、教研资料、内部刊物等。这些是进行教研活动的基础和必要条件。因此，学校应当时刻关注教师的资源需求，最大限度地满足其合理需求。这样才能使教师时刻让自己处于专业一线，时刻掌握时局变化，时刻了解到最新的专业理论成果，从而做到与时俱进，不断提升专业素养。

3. 打造一支立体式的思想政治理论课"金课"实践教学队伍

开展思想政治理论课实践教学，仅仅依靠本校的思想政治理论课教师是远远不够的。构建思想政治理论课实践教学队伍，要树立"大思想政治"的格局，充分调动高校、社会各方面的力量，高校的辅导员或其他专业课教师、科研机构、社会企业的相关人才都可以成为思想政治理论课实践教学队伍的一员，最终建立一支立体式的实践教学队伍。

与思想政治理论相关的实践教学是一项重要的工程，为了确保相关的教学工作能够顺利开展，必须组建一支以思想政治理论课教师、共青团干部、党政干部为主的教学队伍，还要积极地鼓励更多的专业课教师、高校辅导员参与实际的实践教学活动。

在相关的实践教学队伍中，起着关键作用的人员除了思想政治理论课教师，还有高校辅导员。辅导员对学生的具体情况更加清楚了解，并且有着较强的组织能力。如果辅导员可以协助开展相关的教学工作，不但能够使思想政治教育得到有效的普及，还能够使相关的教学工作更具有针对性，从而为取得良好的教学成果奠定一定的基础。如果在开展思想政治理论课教学的过程中，鼓励更多的辅导员参与其中, 不但能够使相关的教学工作更具实效性, 与此同时, 还可以有效地提升辅导员队伍的综合素质水平。

辅导员与思想政治理论课教师是高等院校开展各类活动的主要力量, 思想政治教育的开展也需要由这两支队伍共同完成。对辅导员与思想政治理论课教师而言, 在开展具体的思想政治教育工作时, 与思想政治相关的系统仍然有待整合, 且还有很多可以改进和完善的方面。充分调动高校思想政治理论课教师和高校辅导员的力量形成教学合力, 这有两点好处: 一方面, 能够推动思想政治教师队伍的发展; 另一方面, 能够促进思想政治理论课教学任务高效完成。要充分发挥高校辅导员在思想政治理论课实践教学中的作用, 对辅导员的科研能力和教学能力提出了一定的要求。只有他们自身具备了相当的能力, 才能够承担思想政治教育的相关工作。在提高其科研能力方面, 可以通过高校辅导员兼职思想政治理论课教师这一途径实现。

从高校层面来看, 高校可以制定相关的政策来鼓励符合条件的辅导员竞选思想政治理论课兼职教师, 当他们成为兼职教师之后, 就有了科研的平台, 可以提升他们的科研能力。另外, 他们还可以作为思想政治理论课教师的后备人才。在高校中, 有部分辅导员的研究方向正是大学生思想政治教育, 这部分辅导员如果成为思想政治理论课实践教学的兼职教师, 可以促进其科研能力的发展。除此之外, 还可以对辅导员进行相关的培训, 培训内容以马克思主义理论等相关的思想政治理论课教育内容为主, 思想政治理论课实践教师也可以加入培训, 让他们在培训的过程中沟通交流, 不断磨合, 相互促进, 共同发展。高校辅导员也应该自身加强重视, 不断提升自己的教学能力、科研水平, 让自己能够胜任这份工作。在科研工作中, 思想政治理论课教师和辅导员要真正融合发展, 不能出现两者分离、割裂发展的现象。在开展思想政治理论课教育工作中, 两者如果能够相互配合, 那就有利于促进高校育人这一目标的实现。可以通过以下两个方面加强这两股力量的有机整合。首先, 在日常的实践教学过程中或者在科研工作中, 两者可以共同参与。其次, 要建立合理的沟通与反馈机制, 让两者能够科学、及时地沟通与反馈。例如辅导员在日常的工作中会了解到学生的思想状况, 如对教师的评价、对课程的看法等, 那么就要及时将这些信息反馈给思想政治理论课的教师,让思想政治理论课教师也能够及时掌握学生的思想动态，两者可以对大学生的问题进行探讨，而后再对教学计划做出及时的调整。反馈机制要体现在教学的整个过程中，在实践教学完成后要有反馈，在学期中、学期末也要有相应的反馈，让高校思想政治理论课教师和辅导员能够及时交流、改进问题、调整思路，在两者的相互配合中实现合力育人。

（三）建立健全思想政治理论课"金课"实践教学实施的长效保障机制

学校要能扛起方方面面的责任，满足教师不断产生的新的要求，必须先建立一个完善科学的体制机制。思想政治理论课"金课"的实践教学想要顺利开展，需要相应的学校层面的机制作为保障，具体如下：

1.保障实践教学时间，提升实践教学覆盖面

课时是课程顺利开展的基础，对"金课"堂和实践课堂都是如此。有效的时长才能让实践活动按计划充分进行，才能有成效，而不是走形式。

首先，应当在教学培养方案中对时长数量和占比有一个明确、具体的规定。思想政治课程既然包括理论学习与实践学习两个部分，那么两个部分各自的占比，必须依据其重要性和必要性做预先的考量，而不是得过且过。对这个数据的规定，应当根据具体教学任务的安排制定，还应该根据学校的特点制定，不同学校的学期长短、专业安排都是不同的。例如复旦大学明确规定思想政治理论课实践教学占三分之一的时长，而其他学院并不如此。量身定制才是最为合适和最有效的。

其次，什么时间安排什么教学任务，也必须有一个预先的安排。因为实践活动牵涉甚广，社会合作单位没有义务随时随地做出配合，不像课堂理论教学比较方便安排。另外，每个学生也有自己的时间安排和专业学习计划，在大学人才培养中，步调并不一致。加上教师人数有限，不可能一次性组织大规模、多人数的实践活动；对合作单位来说，也不能一次性接待众多学生，需要根据单位的情况和具体工作而定。第一，首选假期，学生时间比较自由，例如国庆假期就是比较好的选择。第二，充分利用好重大节日，借机进行实践活动和主题教育。第三，

根据不同学校的特殊安排选择时间段，比如利用开学准备时期等。当然，更多的学校选择了寒暑假，这样可以更自由、更充分地开展活动。

2. 加大经费投入，保障实践教学顺利开展

思想政治理论课实践教学与思想政治理论是息息相关的，所以，它的涉及面很广，是一个系统的工程，那么充足的经费就是保障实践教学活动开展的首要条件。因此，高校要做好相应的准备，以便更好地配合开展实践教学活动，高校应该在客观考虑学校实际情况的基础之上，明确思想政治理论课实践教学的需求，在制定高校年度预算时，把思想政治理论课实践教学所需要的经费也加入进去，可以设立一个专门的款项，这一款项是实践教学专用的。除了资金保障之外，基础设施的保障也非常重要，高校应该加强对教学所需的硬件设施的投入。当前，对高校教学设备、硬件设施的建设，国家和一些地方财务部门都提供了一定的资金支持，以确保能够保障高校教学顺利地开展。思想政治理论课实践教学活动，可以利用相关的设备，比如投影、录像设备等，这样可以进一步提升实践教学的教学效果。除了借助学校的设施之外，还可以联系社会各界，让他们提供支持，也可以运用比较先进的科学技术。总之，这些都是为了实践教学活动的进行，只有同时兼顾思想政治理论课实践教学活动和理论教学，才能够完善思想政治教育体系，提升思想政治理论教育的实效性。

3. 加强实践基地开发与建设，保证实践教学的规范性与持久性

实践活动的顺利开展，离不开教学基地的支持。为了确保实践教学更加合理化、规范化，必须选择符合自身发展需求的教学基地。首先，对各大高等院校而言，其应当先确认人才培养的具体要求及目标，再结合实际情况对教学内容进行合理安排，还要根据学校的实际条件及学生的个人需求等，确保教学活动能够与教学目的相符，建立更加稳定规范、设施健全、形式多样的教学基地。对相关的学校而言，应当充分发挥自身的优势，结合实际的教学内容，选择更加合理有效的教学场所。与此同时，学校也应当将本地特色与各种教学活动结合起来，可以借助相关企业或事业单位与政府部门之间的合作，共同建立更多的实践基地；学校还应当加强与企业或事业单位之间的交流，并且积极地与其进行协商，选派

一部分学生到相关单位进行实践。其次，对于相关的学校而言，不但要利用各种社会资源、企业单位和事业单位的力量，在对相关的人才进行培养时，以互惠双赢、合作共建、资源共享作为主要的原则，使相关单位所面临的压力能够有效降低，在使学生能够得到锻炼的同时推动企业的发展。最后，对于相关的企业而言，企业应当通过多种方式提升企业的社会责任感，改变传统的用人观念。结合自身的发展状况，制定出合理有效的管理机制，并且以合理的方式鼓励更多的大学生参与相关实践，从而使大学生能够通过企业提供的相关平台得到能力的提升。

第五章　多元视域下高校思想政治理论课的创新探索

第一节　和谐视野与学习共同体视域下的思想政治教育模式

一、和谐视野下的大学生思想政治教育模式

作为培养与造就德智体美劳全面发展的社会主义事业建设者和接班人的摇篮，高等学校是构建社会主义和谐社会的重要阵地。因此，构建大学生思想政治教育模式应以和谐为理念。和谐的本质和内涵、提出的时代背景与中国传统文化中丰富的和谐思想，决定了高校要将大学生思想政治教育纳入和谐视野下。和谐视野下的大学生思想政治教育模式，从教育目标到教育内容、教育主客体、教育环境、教育方法、教育管理等各方面都相互协调、匹配，共同作用于大学生的全面、协调发展。

大学生思想政治教育模式就是在一定思想政治理论的指导下，为解决大学生思想政治教育问题而构建起来的教育目标、内容、方式、方法、手段、机制等方面的综合性理论模型和实践范式。可想而知，一个行之有效的思想政治教育模式对解决大学生思想政治教育问题有着重要的理论和实践意义。

大学生是党和国家宝贵的人才资源，是建设和谐社会的重要力量。加强和改进大学生思想政治教育，促进大学生全面和谐发展，是建设和谐社会的必然要求。将大学生思想政治教育纳入和谐视野，是由其本质和内涵决定的。在和谐视野下构建大学生思想政治教育模式，既是对大学生思想政治教育工作的正确认

识，也是对以往某些思想政治教育模式的反思。

（一）大学生思想政治教育目标的和谐

以往的大学生思想政治教育在教育目标的定位上模糊不清。早期的教育目标定位是"精英"型教育，偏重对大学生进行政治教育、理想人格教育、高尚道德情操教育，偏离了学生的学习、生活、思想，实际效果并不理想。大学扩招以后，大学教育开始从"精英"教育走向平民教育，倡导"大众"型教育，强调德育本身是面向大众、面向生活的，大学培养的是参与社会的公民，而不是社会精英或者楷模。这种以平凡代替高尚的教育，虽然是对过去"精英"教育的一种反思，但失去了思想政治教育的本质特征。

在和谐视野下，我们要重新审视大学生的思想政治教育，其目标应该是培养和谐的人、造就和谐的人；就是要使每一个学生都有健全的人格、健康的心理，有正确的世界观、人生观和价值观；能合理地处理个人与自然、个人与社会错综复杂的关系，做到融入自然、融入社会，全面发展。

（二）大学生思想政治理论课教育内容的和谐

和谐视野下的大学生思想政治教育要求思想政治理论课教育内容的各要素间比例适当、相互协调，有机结合，构成一个整体，既要有高层次的政治教育，又要有知识教育、思想教育、道德教育、心理健康教育、法纪教育等。和谐视野下的大学生思想政治教育是一个内容层次高低不等，但都不可偏废的有机系统。

高校思想政治理论课教师应注重引导学生学会做人、学会关爱、关注生活、珍爱生命、懂礼貌，以及具有良好的行为习惯等基础德行；在德育内容上，高校思想政治教育内容应植根于现实生活之中，服务生活，突出"生活性"。高校思想政治理论课教师应注重培养学生的责任心，进行诚信教育，即注重学生诚信品质的培养，进行同情心及爱心的教育等。

（三）大学生思想政治教育工作中主客体的和谐

在传统的思想政治教育理论中，教育工作的主客体是不和谐的，没有考虑学生在受教育活动中的积极主动性，违背了思想政治教育形成的规律，也违背了教育的根本目的，实际效果较差。近几年来，"以人为本"的教育理念盛行，该理念提倡学生的自主认识、自主选择、自主思维、自主控制及自主完善等；在教育内容的选择上，倡导关注学生的生活世界，贴近学生实际，依靠学生，相信学生；在德育方法上，倡导对话教育、体验教育、自我教育、个性化教育；在教育管理上，要求人性化管理。

提倡主体性教育无疑是教育理念上的一大进步，也是破解大学生思想政治教育实效性低这一难题的良方。与此同时，我们应看到，思想政治理论课教师一般都掌握了一定的理论，具有一定的教育经验和能力，他们是思想政治工作的组织者、策划者、实施者和调节者，在思想政治教育工作中发挥着主导作用。在发挥自身教学主导作用的同时，他们还要促使学生发挥他们在学习中的主观能动性作用，倡导学生自我教育。这对教师和学生的要求都很高，不是每个教师和学生都能做到的。而且在某些高层次教育内容的教育上，学生确实还需要教师的引导、说理和灌输，这更需要教师发挥其主导作用。

因此，思想政治教育工作是"双主体"的工作，离开任何一方的主体性，思想政治教育工作的有效性都会受到影响。只有当双方的主体性都得到充分体现时，思想政治教育工作才能取得成功。

（四）大学生思想政治教育环境的和谐

环境是指影响人的思想政治道德素质形成、发展和教育工作者德育活动有效性的、具有内在逻辑联系的一切外部因素的总和，具体包括社会环境、学校环境和家庭环境。

社会环境对大学生的影响是无处不在的。这要求全社会共同努力，构建平稳有序的经济环境，健全和完善政治制度，有效利用与改造文化环境，为大学生创造符合社会需求、符合社会主义核心价值观的思想政治教育环境。

学校环境会对大学生的思想和行为产生更直接的影响。学校环境可分为教学与学习环境、管理与校风环境、人文与硬件设施环境。其中，最重要的是构建和谐的校园景观环境。在校园景观的设计上，要寓德育思想于校园规划建筑设计之中，整体渲染和突出校园基本建设的育人功能；科学布局学校建筑，充分体现大学的文化氛围，收到一种导向、调适效果；精心营造优美洁净的校园环境，让学生在优美的环境中陶冶情操。大学的人文环境是大学文化内涵、精神底蕴的重要表现，无时无刻不在影响着置身其中的每一个学生。为此，高校要重视品位高雅的人文环境建设并发挥其教育功能。

家庭环境主要由家长的职业、文化程度、经济状况、思想政治道德素质等方面构成。家庭是社会的基本细胞，一个人出生后的多数时间是在家里度过的，家庭教育对一个人的影响是终生的。马克思认为："人是环境的产物，人的思想的形成和发展离不开一定环境的影响。"家庭环境就是最典型的代表。通常，从优良的家庭教育环境中走出来的大学生，受家庭教育的影响，品学兼优、好学上进、道德高尚；在走出大学校门后，大多也会成为社会的栋梁之材。因此，可以说家庭教育是大学生思想政治教育的基础和保障，不论时代和生活格局发生多大变化，我们都要重视家庭环境建设，注重家风对大学生思想政治教育的独特作用。

二、学习共同体视域下的大学生思想政治教育模式

随着社会经济的不断发展，我国高校教育也进行了不断的改革和创新。其中，高校思想政治教育的模式已成为高校教育改革的重要内容之一，也是教育界很多专家重点研究的课题之一。随着社会的不断进步，我国不仅需要创新能力和实践能力较强的人才，还需要高水平的思想政治人才。很多高校都对思想政治教育模式进行了积极的探索，也获得了一些显著的成绩，而将学习共同体应用在大学生思想政治教育中，是一种创新的教育方式，有着传统教育模式不能比拟的优势。

（一）学习共同体的概述

学习共同体来源于"共同体"和"实践共同体"，是两者紧密连接起来的产物。学习共同体是指学生和教师连接在一起，两者在共同的学习活动中围绕一个主题，在相同的学习氛围中，通过活动、参与、反思、对话、合作解决问题等多种模式，构建的具有独特文化氛围的动态结构。在学习共同体中，教师和学生

能够在共同的学习活动中展开充分的交流与沟通，不同的主体对彼此的学习资源进行学习和共享，继而促使学习主体之间相互学习知识，交流情感、思想等。在共同学习的过程中，教师和学生之间的关系会变得更加和谐。在学习和沟通中，学生不仅获取了知识，也收获了快乐。可以说，学习共同体不仅是学习的组织方式，也是能够促进人际交往和谐的重要途径，同时是科学育人的重要形式。在学习共同体的组织学习方式中，教师和学生以对等的关系沟通交流，不仅促进了信息之间的相互流通，也实现了师生之间的情感交流。

（二）学习共同体的基本特征

1.学习共同体有共同的学习目标

学习共同体的基础是共同的学习目标，只有设定了共同的学习目标，学习共同体才能发挥出应有的作用。学习共同体是以共同学习目标为根本的学习组织形式，这个形式可以通过班级、小组等形式进行。同时，学习共同体的学习组织形式也是分层次进行的，这个层次是可以深入扩展的。在以学习共同体为基础开展的班级或者小组学习活动中，学生和教师都有一个相同的学习目标，都是针对一个问题展开讨论和行动的，或者针对某一个话题进行热烈讨论。在这个共同的学习目标下，教师和学生之间能够产生多种影响，并且使他们的长处和优势得到最大限度的发挥。小组成员之间是相互依存、相互作用的，共同构成了一个完整的整体。学习共同体相同的学习目标对个体或者组织都是有利的。其一，这个共同的学习目标能够给每一个个体强烈的归属感和动力，促进组织个体不断进步和发展；其二，共同的学习目标能够为组织中的个体提供共同发挥力量的平台，每一个成员都可以参与其中，共同促进学习目标的实现。

2.学习共同体重视个体之间的顺利沟通和相互尊重

学习共同体以班级的形式展开。在这一过程中，教师和学生能够进行彼此之间的交流与沟通，并且在一定的学习氛围中进行思考与评判，进而实现对知识的理解和掌握。在学习共同体的课堂学习中，两个交往的主体是教师和所有学生，二者之间是对等的关系。学习共同体的学习主体不只是以教育对方和改变对方为目的，而是成为一种在一个共同的话题中相互合作和沟通的"你"和"我"，教师和学生变成同一活动的参与者。在这样一种新型的关系结构中，学生不再只是被动地接受教师所传授的知识，而是一个积极参与知识学习和探索的主体；教师也不再是过去传统的知识教授者，而是学生思想和学习上的引导者。

3. 学习共同体帮助师生共同成长

在以学习共同体为学习组织形式的课程教学中，教师和学生是对等的动态关系。首先，教师的教学不再只重视对知识的传授，而是引导学生自主学习，教师起引导的作用。其次，在教学中，教师也不再只是教学的主导者，教师不仅可以扮演知识传授的角色，也可以扮演学习交流中的参与者，有时候甚至是被教育的人员。最后，学生在接受教师的教育时，也可以成为教师的人员。在学习共同体组织的教学活动中，学生和教师是学习的双主体，他们对学习有着同等的权利和责任。教师和学生相互合作，相互交流，通过一系列的共同活动实现知识的交互、情感的交流，最大限度地发挥出彼此的优势和作用，并且使自己和对方的知识变得更加丰富，从而收到更好的学习效果。

（三）学习共同体在大学生思想政治教育中的作用

学习共同体的组织教学形式对大学生思想政治教育有重要的作用和影响，其价值和作用主要体现在以下三个方面：

1. 学习共同体是增强教学效果的重要方式

学习共同体和高校的思想政治教育是相互协调的，是完全符合高校思想政治教育目标的学习组织形式，将学习共同体应用在高校思想政治教育课程中，是一种增强教学效果的重要方式。思想政治教育是高校教学中一个重要的组成部分，与其他课程教育相比，高校思想政治教育课程显得很特殊。思想政治教育不仅重视对学生知识的教学和传授，更加重视引导学生树立正确的世界观、人生观和价值观。高校思想政治教育是为了帮助学生学习马克思主义理论、社会主义核心价值观，培养学生发现问题、分析问题及解决问题的能力，这些方面的目标只依靠教师的课程教学是不能实现的。学生在形成正确的价值观前，需要先形成理性思维的习惯，需要培养一定的情感共鸣能力，同时，学生思维方式的培养也需要其自主探索和学习。而在学习共同体的教学模式中，高校思想政治教育课堂将会以合作小组的形式开展，在设定一定学习目标的情况下，学生能够更加积极和主动地参与学习、讨论，主动地学习和思考。而且通过积极主动地探索，学生的思维能力会得到大幅提升。学生和学生之间能够在相互的交流和沟通中，彼此相互作用和影响，进而加深对知识的理解和掌握，并使学生对思想政治教育中科学的价值观有所认同。

2. 学习共同体是增强教学针对性和实效性的重要方式

学习共同体能给予教师和学生自由沟通的空间。在这个学习空间里，教师和学生的地位是平等的，这是思想政治课教育中教师了解学生、学生认同教师的重要前提，教师能够有计划地设置教学的形式和课堂的情景教学，进而增强思想政治理论课教学的针对性和实效性。在高校思想政治理论课教学中，教师承担的任务比较重。教师不仅需要对教科书有深入的了解，明确知道教学的目标、内容和任务，还需要对学生的真实想法有深刻的了解，了解学生关注的问题，了解学生掌握的知识，了解学生的内心世界。只有这样，教师才能做到与学生相互了解。基于这样的基础，教师在课堂教学中才能设计出适合学生或者学生感兴趣的内容，激发学生的兴趣和学习动机，引导学生积极参与课程教学。教师需要根据学生现有的知识基础，为学生构建新旧知识的关系，并以此为切入点引导学生参与讨论，以启发的方式引导学生养成思考的好习惯、自主掌握知识的规律、自觉改正思想上的不足，引导学生的学习朝着有意义的方向前进。

3. 学习共同体是弥补应试教育不足的重要方式

通过教师和学生之间的对话，学生能够对自己有更深刻的认识，学会理解他人，学会与他人交往，培养学生的理性思维，使其形成批判、反思的思维方式，培养其创新思维的意识。因此，将学习共同体应用在高校思想政治教育中，能更好地培养学生的学习能力、沟通能力、实践能力及创新能力，对培养社会主义合格接班人具有重要作用。

（四）学习共同体视域下高校思想政治理论课教学模式的构建策略

1. 构建共同学习的、和谐的人际关系

采用学习共同体模式的高校思想政治教育，需要以构建和谐的人际关系为前提。学习共同体模式下的高校思想政治教育是一个教师和学生交互的过程，教师和学生完全信任这个教学课堂，课堂成为学习双主体互相学习的家园。教师和学生之间的关系只有维持和谐的氛围，学生才能更加放心地学习，才能获得精神的归属，进而对思想政治教育的目标有所认同，主动参与学习过程，共同完成学习目标，在学习的过程中共同进步。高校思想政治教育要构建师生和谐的关系。一是需要对现有的师生关系进行反思。教师应该以"以人为本"的教学思想进行教学，重视学生学习的主体地位，在教学中应该关心学生、爱护学生、尊重学生，并善于发现学生的潜能以及优势，适时激发和鼓励学生勇于表现自己，不能对学生有过高的要求，对学生的缺点也要包容。二是教师应该重新认识学生之间的关系。教师应该善于引导学生树立正确的竞争意识，杜绝学生之间的不良竞争关系，应该让学生深刻认识到，不通过交流和沟通而获得的知识是不完善的。学生只有主动与他人分享自己在学习中的发现，才能实现与同学之间的情感共鸣和知识的交互。

2. 构建共同的、互动的学习平台

每一个学生都认真地学习并不等同于他们能成为"学习共同体"，学习并不是孤军奋战，而是学生之间要相互合作和配合。学习共同体是学生相互合作、交流、沟通，进行情感和知识共享的平台。教师要善于调动学生参与学习沟通的主动性，为学生构建一个互动的平台。一是教师需要以思想政治理论课的教学内容为基础，为学生设计出他们感兴趣的话题或者问题。只有学生对这个话题或问题感兴趣，他们才能更加愿意参与教学讨论的活动，才能培养学生之间的默契，最大范围地扩展学习信息，提高学习的效率。二是教师作为教学的组织者，需要对学生的心理特点和学习基础有深刻的理解，提出合适的问题，并且能够对不同的学生采取适当的引导方式。这也是对教师教学能力的一个重要考验。

3.营造良好的共同学习氛围

高校思想政治教育通过创设问题，能够促使学生在相互合作的基础上对知识进行分析和讨论，分享自己的意见和观点，使学生能够深刻地认识到学习是一件快乐的事情。首先，在学习共同体模式下的高校思想政治教育的重要内容就是培养学生的合作能力，以及对彼此欣赏的能力。因此，高校思想政治理论课教师需要为学生营造一个良好的学习氛围，鼓励学生相互学习、相互欣赏，通过分享获取快乐。其次，在学习共同体模式下的高校思想政治教育是培养学生合作意识的教育。教师需要通过小组合作学习的形式，让每一个学生都能感受到集体的归属感和荣誉感。最后，教师还需要培养学生的宽容意识。在学习共同体下，每个学生的思想和知识水平都是不一样的，不同的知识有不同的来源和背景，教师不能对知识进行等级划分，而是应该鼓励学生在讨论问题的过程中各抒己见。

综上所述，经过高校对学习共同体的不断研究可以发现，学习共同体能够让学生通过实践体会到自身的价值，也能够激发大学生对思想政治学习的兴趣，促使学生主动学习，不断成长，真正感受到学习思想政治理论的意义，从而寻找到自己人生的方向和价值。

第二节　高校大学生思想政治教育的互动模式与对分课堂

一、大学生思想政治教育的互动模式

（一）大学生思想政治教育系统中的主体

高校主体间性思想政治教育是在扬弃了传统思想政治教育主客体关系的基础上建立起来的，强调思想政治教育活动参与者之间的平等互动关系。其理论基础是马克思关于人的本质的论断。马克思说："人的本质并不是单个人所固有的抽象物。在其现实性上，它是一切社会关系的总和。"由此把人理解为现实的、活生生的、具体的人，人是一种社会实践的存在。在实践活动中，人把自身以外

的一切存在变成自己的活动对象，变成自己的客体；与此同时，也就使人自己成为主体的存在，就出现了主体和客体两个哲学范畴。在人的活动中，人属于能动的主导的个体，人是活动的发动者、组织者和承担者，即人是支配人的活动的主体。对象在人的活动中处于主体之外，其存在不以主体为转移，是受动者，处于被动的从属的地位，这就意味着它是人活动的客体。主体和客体是对立统一的关系，即主体与客体在实践活动的基础上，以主体为核心建立的自觉的对立和统一关系。其统一的性质是主体将客体同化，使主体的需要得到满足，同时主体自身也得到改造，主体的能力提升到新的水平。马克思揭示了一个基本事实，人的主体能力来自实践活动，主体性也只能由实践活动的性质所决定。

大学生思想政治教育活动的特殊性决定了学校、教师和学生共同作为思想政治教育的主体存在。大学生思想政治教育活动是教育者按照一定的社会要求有目的地影响学生思想政治素质提高的过程。它是从外部对学生施加积极影响的过程，也是教育者和学生共同参与、相互作用的过程。这个过程受到三方面因素的影响：一是教育者施加的自觉影响，包括教育个体和群体，如学校教师、家长及其他社会群体和高校思想政治理论课教师所施加的直接和间接的影响；二是社会环境因素的自发影响，对大学生思想政治教育而言，学校成为各种环境因素的主导者，良好的思想政治教育氛围在思想政治教育活动中发挥着积极、正面的作用；三是学生施加的自觉影响，学生认同教育目标和教育要求，独立做出判断和选择，自主调节行为，并在实践中完善自身的品德，丰富和发展社会道德规范的自主性、能动性和创造性。如果学生不能认同教育内容的价值，与教育者之间较少互动，较少配合教育者，思想政治教育的效果就会受到极大的影响。在实际工作中，上述三个方面紧密联系在一起。

一般认为，教师和学生是思想政治教育过程的两个主要因素，然而，如果缺少了环境因素，思想政治教育也不能完成，环境因素是思想政治教育必不可少的因素之一。在高校思想政治教育活动中，对人思想品德的形成、发展产生重要影响的环境便是由学校主导的。学校是思想政治教育活动提供的必要物质条件，通过各种政策和制度对思想政治教育的精神氛围起着决定性的影响。此外，社会政治、经济和文化等大环境也主要通过学校这个小环境作用于教师和学生。学校、教师和学生在思想政治教育活动中的地位是平等的，如果没有学校和教师的存在，也就不会有所谓的学生，反之亦然，三者之间是一种相互依存的关系。学校、教师和学生有意识地依据自身发展的需要开展教育活动，使自身得到改造，进而使自身的综合素养提升到新的水平。因此，包括以集团形态存在的学校及学校内教师和学生共同构成了思想政治教育活动的主体。

高校主体间性思想政治教育不是对马克思主义客体关系的否定，而恰恰印证了马克思主义的"人的社会"和"社会的人"的思想。思想政治教育并非单纯地传授思想观念、政治观点和道德规范的知识教育过程，而是一种涵盖历史、文化特质的社会交往活动。高校思想政治教育活动是在教师和学生之间展开的，教师与学生之间没有相互交往，就不可能有思想政治教育活动。在交往活动中，学校、教师和学生都表现出能动性、自主性和创造性。

思想政治素质形成的过程，既是学生主体内部矛盾运动的过程，也是一个学生主体与外界各种影响作用的过程。在这一过程中，教师、学校和学生之间形成了相互依存和相互影响的交往互动模式。

（二）"学校—教师—学生"的互动模式

现实中的人都是生活在一定社会关系中的。在社会关系中所处的不同地位，人们产生了不同的利益、思想和感情，造成了个人或集团区别于他人、他集团的特殊性质。作为思想政治教育主体的学校、教师和学生，也因其在社会中所处的不同社会地位而具有不同的发展要求，这种发展要求是通过三者间的良性互动实现的。互动的过程是三方在平等原则的基础上进行交互并实现共赢的过程。

学校作为一个学习型组织，承担着传授知识、培养人才和生产新知识的责任，是以追求教师和学校共同进步和共同发展为宗旨的教育组织。它通过各种规章制度对教学过程进行管理，对教学环境进行塑造，以保证正常的教学秩序，进而在教师和学生的成长过程中起到积极的推动作用，最终实现自身的发展。既然人的性格是由环境造成的，那就必须使环境成为合乎人性的环境。大学生思想政治教育的环境感染着学校、教师和学生，影响着学校、教师和学生的发展，学校、教师和学生也在互动中塑造着环境。从学校的角度来看，学校只有做到以人为本，从教师的成长、学生思想政治素养形成的角度出发，变重权力、重机构的管理理念为服务理念，才能发展成为一个充满活力的生命体。因此，学校不仅应该为教师和学生提供表达意见的平台，让其参与学校的管理过程，更应该自觉地接受教师和学生提出的合理建议，积极主动地营造有本校特色的文化氛围，在与教师和学生的互动中逐渐发展壮大。

教师是学校的主要力量，教师的全面发展是学校发展的基础和保障。教师的专业水平和人格魅力，在学生思想政治素养形成过程中起着关键作用。而学校和教师之间的关系直接影响着教师的专业发展和从教时的心理状态，这种影响又以积极和消极两种方式反作用到学校和学生身上，形成一种循环。尤其是在多元文化的背景下，大学生仍处在世界观、人生观和价值观形成过程中，教师自身的经验、认知能力和思维方式在教育活动中发挥着主导作用。这使得教师既要主动参与学校的建设，承担完善学校建设的责任，又要加强与学生的沟通和交流，依据学生的需要和特点，丰富和发展教育内容，创新和改进教学方法，在从教活动中发展自己的专业，实现自身的成长。

学生以受教育者的身份处在思想政治教育活动中。一方面，学生是具有独立性、自主性、能动性和创造性的个体；另一方面，学生在知、情、意、行等方面的能力同社会发展和个人发展要求存在差距。在思想政治教育过程中，学校、教师和学生之间是相互影响的，不仅教师对学生具有影响，学生也影响着教师。通过交往互动，学校的规章、制度及文化和教师的思想道德政治素养等信息被传递到了学生一方，学生通过判断、吸收、拒绝或反抗，又将这些信息反馈到教师一方，影响教学秩序、校园文化、学习氛围和教师的情绪等各个方面。在思想政治教育活动中，学校、教师和学生的主体性都应该进一步发展和提升。交往互动模式要求教师反思自己的行为，并适时做出调整，遵循学生身心发展的规律和特点因材施教，既满足学生的发展需要，也是其自身发展的必然要求。

（三）"学校—教师—学生"良性互动的实现途径

主体性思想政治教育强调教学在道德教育中的重要性，结果是过分注重教师的主体地位和单方面的主体性，忽视了学生在自身品德发展中的主体性。教师的支配力和权威被过分地强调，由此形成的普遍的教学模式是填鸭式的灌输与被动式的接受。与传统的思想政治教育相比，主体性思想政治教育理念主张让学生在人与人的交往中，在现实的社会关系中，在学习、工作、研究等活动中，自主接受教育者传递的思想道德，并通过自身的思想矛盾运动，形成正确的思想观念和道德意识。学生的思想品德是在交往活动中形成的，又在交往活动中表现出来并受到检验。大学生思想政治教育主体间的有效交往活动是通过"学校—教师—学生"的良性互动实现的。

在大学生思想政治教育中，良性互动反映的是教师和学生之间的独立和平等，在此基础上，教师和学生的平等对话成为主体间良性互动的前提。这种平等的对话以主体间的相互理解和自我反思为条件，通过思想的碰撞和真心的交流、相互激励和促进，求得共同发展。学校、教师和学生作为大学生思想政治教育互动的主体是缺一不可的，他们之间是民主、平等、共生的主体间性关系，无论哪一方都不存在霸权、支配和中心的地位。学校制定的制度不是为了追求各种排名和决策者的成绩，不是对教师和学生进行管制，而是真正以教师的发展需要为目标，以学生的思想和知识的进步为目标，变行政权力决策为广泛征求教师和学生意愿的民主决策。如此，教师不会抱怨学校的独断专行，亦会因此反思自身的不足，将民主和平等的理念带入教学活动中，充分尊重学生的兴趣和见解。学生也不会抱怨学校缺少学习氛围和大学精神，更不会抱怨与教师之间有不可逾越的"鸿沟"。学校、教师和学生要共同重新建构思想和精神体系，并实现相互间积极影响和共同发展的目标。

大学生思想政治教育活动是培养社会历史发展的主体的活动，具有满足个人和社会发展需要的功能。教师和学生的互动过程既是自我发展的过程，又是作为社会发展过程的一部分而存在的。随着时代发展和人的发展出现了新情况、新问题和新要求，教师适时地提炼出反映时代和人的发展要求的教育内容，创新教育方法成为主体间良性互动的关键。社会主义市场经济、信息网络化时代、知识经济时代、全球化的需要对个人的发展提出多种多样的要求，教师要根据人的思想和精神生活全面发展的要求，对教育内容进行审视、反思和理性修正，灵活多样地选用教育方法，以适应学生的主体性和自我发展的需求。在现代社会中，学生的各个方面已经发生了深刻变化，他们接触媒体频繁，接受各种信息快速，思想超前，常常以独立、批判的眼光审视时代和社会的变化，对教育内容和教学方法都有了新的要求。在这种状况下，传统说教式地将书本知识原封不动地传授给学生，不仅实效性差，还会遭到学生的抵触。富有时代性和发展性的教学内容，辅之以现代教学手段，才能更好地满足学生的发展要求，也能满足社会发展的要求。

高校思想政治教育活动中教师和学生的主体互动是在实践中生成、表现和发展的。课堂的互动只是学生领悟道德和政治的一个方面，学校的集体生活和各种校内外活动越来越成为培养学生思想道德素养和政治素养的重要方面。学校实践活动和课堂教学活动的有机结合是实现教师和学生之间良性互动的有效手段。学校开展的围绕思想道德和政治展开的演讲、竞赛和辩论等校园文化活动，参观、调查、参与公益事业等社会活动，学生积极主动参与的学生会和各种学校社团等自主参与决策的活动成为大学生思想政治教育主体间互动的重要方式，是学生对教育内容的反馈，也是促进学生自我教育的催化剂。学生的学校生活也就是他们的社会生活，在实践活动中使高校的教育环境特别是文化环境得到优化，对大学生思想政治教育来说十分重要。哪些活动有利于形成学生的价值观，什么样的环境有利于引导学生成长和学生主体意识的培养，解决这些问题的经验都是在实践活动中通过不断创造、积累、检验而最终形成的。学生在参与各种实践活动中自觉思考课堂教学中的内容，进而实现思想政治教育内容的转化。学生只有通过亲身体验和实践才能形成优秀的思想道德品质，养成良好的行为习惯，进而反过来成为校园文化和大学精神的推动力量。

提高课堂的影响力，让学生摆正态度并进行思考探究，进而使学生养成自主思考、综合探究的好习惯。

综上所述，充分发挥高校思想政治理论课的特色，借助时尚、鲜活的教学语言，利用合理的教学方式，有利于营造思想政治理论课的教学氛围。同时，教师也需要不断提升自身素养，不断强化语言的表达效果，让课堂语言具有穿透力，这样做有利于使高校思想政治理论课的教学模式更加多元。

二、对分课堂与高校思想政治理论课教学

把对分课堂引入高校思想政治理论课教学，是落实全国学校思想政治教学座谈会精神和思想政治理论课程改革相结合的一项重要举措，也是构建形式多样、内容丰富、教学相长的高校思想政治理论课教学模式的创新探索。

（一）对分课堂的内涵

对分课堂是复旦大学心理学教授张学新提出的一种创新教学模式。对分课堂中的对分，就是把课堂时间一分为二，一半的时间用于教师对教学重难点进行具体讲授，另一半的时间则用于学生讨论。目前，高校采取的教学模式大多为讲授式、讨论式、混合式等。对分课堂这一教学模式从属于混合式教学模式，但不等同于混合式教学模式。

（二）高校对分课堂的优势整合

思想政治理论课教学的特殊性，要求教师将严谨的理论讲授与学生的积极参与结合起来，而这就是典型的混合式教学模式。教师在开学初对学生进行分组，学生按照分组进行合作，一起完成资料收集、内容整理、课件制作、讲稿撰写和上台展示。在上台展示之前的所有过程中，小组任务可能由学生分工合作完成，也有可能由少数学生完成，而大部分学生"搭便车"。在分小组上台展示完毕后，教师对每一组学生的任务完成情况进行点评并打分。这种教学模式从出发点来看是好的，教师讲授知识、学生分工合作，教师分组进行点评，但这种传统的师生互动的教学模式其实存在很大的问题。那么就可以适时适当地引入对分课堂的教学模式。

1.对分课堂的优势

对分课堂中的讨论环节应该是在讲授环节完成之后进行的，甚至可以说讨论部分的全过程一定是在讲授部分之后进行的，这样才能真正体现出教师教授的效果。其中有一个重要环节不能忽视，那就是内化。内化意味着学生能够自己去感知内容，并能通过外化的方式表现出来，这是一个独立思考的过程。

对分课堂在形式上有三种类型，即当堂对分、隔堂对分和混合对分。具体采取哪种对分形式取决于课时安排和教学内容，但可以确定的是，这一定是在讲授后开始的，而且要有一个完整的过程。参与讨论的人群，不应该仅限于进行展示的小组成员和教师，而应该是整个班级的学生，这才是真正的全员、全程、全方位育人。那么我们要做的，就是把讨论部分进行细化和拆分。讨论不仅仅是阐述自己的理解，更要提出问题并尝试解答问题。参与讨论的主体应当是整个班级的学生，主要参与者是当天参与讨论的小组成员，乃至当时课堂上的教师。在场其他学生在听完讨论小组的展示后，对其展示内容或者其他相关内容进行提问，小组全体成员尝试解答，也可由非小组成员解答，教师则可以进行总体的知识性引导，也可以一同参与讨论。每个学生的提问、解答、提出的观点都将列入其过程性考核成绩中。学生在每一场讨论中的表现，将直接决定其这门课程的最终成绩，以此调动学生的积极性。讨论内容的范围也应该适当放宽，让学生敢于在课堂上表达自己的真实想法，在讨论中达到真理的升华及教育教学的目的。

2. 对分课堂与翻转课堂的整合

有一种教学模式与对分课堂的教学方式极为相近，那就是翻转课堂。这种新的教学模式的开发，要归功于互联网对传统教学模式的革新。所谓翻转课堂，即学生在课前统一观看教师提前录制好的教学视频，并通过查阅资料和自主思考形成自我意识；回归课堂之后，教师不再集中对教学内容进行具体讲授，而是注重与学生的互动，检查学生的课前学习情况，就教学重难点与学生进行讨论，并集中解决学生在学习过程中遇到的问题。翻转课堂，对学生和教师都是一种极大的挑战。对学生而言，他们不仅要主动自觉地利用课外的时间学习，更要从自身角度提出问题，形成独立的知识架构。对教师而言，通过网络课程，其在课堂外已经对教学重难点进行了讲解，因此，在课堂上则需要集中解答学生在学习过程中产生的困惑，这就需要教师具备深厚的理论功底和极强的应变能力。毋庸置疑，翻转课堂相对传统课堂教学而言，打破了时间和空间的限制，极大地增强了课堂的教学效果。那么对分课堂与翻转课堂相比，有什么不同，又有什么优势呢？

其实，对分课堂的提出是晚于翻转课堂的，甚至可以说对分课堂在一定意义上借鉴和吸收了翻转课堂的优势。这两种教学模式都有一个显著的特点，就是教学的主导者不再单纯是教师，而变成了学生。教师则变成了引领者和辅助者，这也是近年来教学改革的大趋势和总目标。对教育工作者而言，"要我学"和"我要学"所达到的教学效果有着天壤之别。由此可见，翻转课堂和对分课堂可以融合到高校思想政治理论课的课堂中来。相信随着互联网的发展，互联网教学会越来越多地融入传统课堂教学中。"翻转"与"对分"相结合，应该也是今后教育教学的大势所趋。

第三节　高校思想政治教育中加强人文精神培养的优化路径

一、强化人文教育理念

（一）积极贯彻以人为本的观念

人和人的发展是以人为本的根本，也是正确理解什么是教育的逻辑起点，是思想政治教育工作中的重中之重。教育是为了丰富人的知识、拓宽人的视野、开放人的思维，更重要的是为了促进人的全面和谐发展，使人在经过教育后能够站在更高的境界与层次上看待问题，为社会做出贡献以实现自己的人生价值。以人为本就是坚持人的自然属性、社会属性和精神属性的辩证统一。以人为本就是一切从人的需要出发，主张人的发展不仅是发展的根本目的，更是发展的根本动力，一切为了人，一切依靠人。在高等教育系统中，人是最基本、最关键的因素，因此，高校的思想政治理论教育要充分重视人的因素。

高等教育的目的不再只是为国家和社会培养高级人才，更主要的是它要满足受教育者个人的需要，使受教育者也从中受益。在高等教育系统中，受教育者个人需求的满足，一方面，指在高等教育体系中，个人价值是非常重要的价值取向，高等教育具有促进个人发展知识能力、培养文明素养和改变社会地位等多方面的价值；另一方面，指高等教育的私人收益率，从教育经济学角度来看，高等教育已逐渐成为个人和家庭投资的主要方向，其自身蕴含着很大的收益率，可在劳动力市场上获得更大的回报。

高校在思想政治教育中贯彻以人为本的教育理念，是以培养和造就具有人文精神的知识分子为首要目标的。高校的管理者在思想上要认清大学的性质、作用和地位，认识到大学是创造和传播文化的重要领地，而所有文化都以体现人的普遍价值、社会正义和美好理想的人文精神为灵魂，也就是说，这一切都是"以人为本"的，以人为本应当成为高校办学的最高宗旨。因此，高校办学不能只顾追求规模、排名、档次，却忽视了大学教育的根本目的和功能。事实上，一个一流大学的形成，是要建立在具有人文精神的各类专业人才的培养上，建立在真正的知识分子的培养上的。在思想政治教育中贯彻以人为本的观念，就是要把大学生的切身利益放在首位，以实现大学生的全面发展为目标，从广大学生的根本利益出发谋求高校的发展，通过学校的持续发展满足大学生日益增长的物质文化需求，切实保证学生各方面的权益，让高校的发展惠及每一位学生。

在目前的形势下，在思想政治教育中充分体现"以人为本"，就是要全方位关心、爱护学生，一切教育工作的开展都要从学生发展的角度出发，一切工作都要紧紧围绕有利于学生综合素质的提高，从而提高学生的身体素质、心理素质、思想道德素质和科学文化素质，并提供必要条件满足学生对各项素质提高的需要。

在高校思想政治教育中贯彻以人为本的理念，是高等教育发展的客观要求。21世纪强调以人为本，促进人的全面发展日益成为时代发展的潮流和趋势。创新是为了发展，发展是高校的终极目标，但发展的目的是人的发展，是促进大学生的全面发展。发展是手段，人和人的全面发展才是最终目的，而发展需要有和谐稳定的社会环境，只有构建和谐高校才能真正体现以人为本，从而促进高校大学生的全面发展。

（二）帮助大学生树立正确的人生观

要培养当代大学生的人文精神，关键环节就是帮助大学生树立正确的人生观、价值观。人生观是一定社会历史条件和社会关系的产物。受人们世界观的制约，人生观的形成是在人们实际生活过程中逐步产生和发展起来的。人与动物的显著区别是人具有思想，作为思想的一部分，人生观是人们对待人生的目的、人生的价值、做人的标准等人生问题的比较稳定的根本观点和态度。处于不同社会关系中的人，由于政治利益和经济利益的不同，受多方面因素的制约，一般会形成不同的人生观。对当代大学生来说，应当对其深入持久地开展对人生的意义、目的和价值的教育，帮助大学生真正懂得人生的意义，使其把所学贡献于人民、社会，把人民群众的利益放在心上，力求为人民做好事。

价值观和价值观体系是决定人行为的心理基础。价值观是人们对社会存在的反映，是社会成员用来评价行为、事物，以及从各种可能的目标中选择自己合意目标的准则。

价值观通过人们的行为取向及对事物的评价、态度反映出来，是世界观的核心，是驱使人们行为的内部动力。它支配和调节一切社会行为，涉及社会生活的各个领域，而高校在思想政治教育过程中就是要将核心价值观引入人文精神的培养中去。社会主义核心价值体系是中国特色社会主义主流意识形态的本质体现。要巩固马克思主义指导地位，坚持不懈地用马克思主义中国化最新成果武装全党、教育人民，用中国特色社会主义共同理想凝聚力量，用以爱国主义为核心的民族精神和以改革创新为核心的时代精神鼓舞斗志，用社会主义荣辱观引领风尚，巩固全党全国人民团结奋斗的共同思想基础。大学生核心价值观的建构不仅为建设中国特色社会主义国家奠定了坚实的理论基础，也为广大学者对今后的理论研究指明了方向和任务，更为在高校思想政治教育的创新过程中加强大学生人文精神培养提供了新的思路。具体到高校自身，应在以下三个方面有所作为：

第一，在思想政治理论教育中要始终坚持以马克思主义作为指导思想。马克思主义指导思想是社会主义核心价值体系的灵魂。当代大学生只有依靠马克思主义的观点、理论和方法的指导，才能在错综复杂的社会现象中看清事物的本质，明确经济社会的发展趋势和方向，正确认识社会思想意识中的主流与支流。

第二，高校思想政治理论教育要始终坚持以中国特色社会主义共同理想作为核心内容。中国特色社会主义共同理想是社会主义核心价值体系的主题，包括坚定对中国共产党的信任、坚定走中国特色社会主义道路、坚定实现中华民族伟大复兴三方面内容。当代大学生对中国特色社会主义共同理想的意义有着切身体会，但并未经历过苦难的他们，在社会变革发展的过程中更容易出现内心的迷失与矛盾，因此，在思想政治教育中始终将中国特色社会主义共同理想作为核心内容显得尤为重要。

第三，高校思想政治理论教育要始终把以爱国主义为核心的民族精神作为主旋律。以爱国主义为核心的民族精神是社会主义核心价值体系的精髓。中华民族上下五千年的传统文化，造就了我们伟大的爱国主义情怀，孕育了中华民族自强不息、勤劳勇敢、爱好和平的民族精神和时代精神。而民族精神与时代精神的培养，是当代大学生人文精神培养的题中应有之义。

总之，广大教育工作者应本着对国家民族的前途命运高度负责的态度，紧紧围绕构建社会主义核心价值体系的目标要求，坚持以正面教育引导为主的教育方法，共同担负起引导大学生牢固树立社会主义核心价值观的重任。

（三）重点培养学生的主体意识和自由意识

任何脱离知识和文化载体、脱离人类的实践经验和社会生活的抽象的思想政治教育是没有现实意义的。以人为本的思想政治教育是在现代复杂的社会背景下，充分尊重大学生的差异性和独特性，尊重大学生的自由和自主，尊重大学生个体的成长，培养大学生独立思考、合作的精神，并且培养大学生对自己反思和质疑的能力，注重培养大学生正确的人生观、价值观和世界观，从而提高大学生的人文素养，使大学生成长为具有健康人格、富有创新精神的适应社会发展的人才。

然而，仅仅尊重受教育者主体性的诉求，并不能真正建构一种完整的、新型的思想政治教育模式。在很大程度上，它与传统的教育模式之间的关系仍然是模糊不清的，如果不能从根本上解决思想政治教育的功利性，就不可能建立全新的、以人为本的思想政治教育模式。传统的思想政治教育不考虑受教育者的主体性，使用填鸭式的方法异化学生的思想。在实际的思想政治教育过程中，教育者与受教育者之间的交往应该是积极的，如果将任何一方视为万能的，则名不副实。因此，高校思想政治教育工作者更应该理性、谨慎地对待受教育者的主体性在教育中的作用。

　　自由是人类社会追求的永恒主题，马克思主义的自由理论为我们尊重人权以及尊重人性的自由发展指明了道路。然而，西方自由主义的价值观念的冲击以及转型期市场经济带来的负面影响，导致当代大学生自身认识具有主观性，其自由意识很可能与马克思主义的自由意识背道而驰。高校在开展思想政治教育的过程中应积极致力于将个人自由与社会主义发展有机结合，通过培养大学生的社会主义自由观使其形成正确的精神信仰和价值追求。所以，自由精神是大学人文精神灵魂之所在，也是大学人文精神产生和发展的根基。

二、加强人文学科体系建设

（一）调整课程设置和专业结构

　　未来社会需要的是复合型人才，提倡文理渗透、科学与人文并举，从而有效防止培养有才无德的学生。从现实可以看出，如果高校教育中仅有科学教育，没有人文教育，只会教出高智商的罪犯，这将在很大程度上影响人类自身、社会的和谐发展。所以，适应现代社会的教育机制应该讲求科学与人文的统一，既要教会学生"如何而生"，又让学生领悟"为何而生"。

　　在教育体制中人文教育依然备受抑制的背景下，调整课程设置和专业结构，必须提到各高校教学改革的日程上。高校要想彻底改变人文精神失落的现状，就应该大力扶植人文学科的建设和发展。各高校应该充分意识到人文学科的教育价值，采取积极措施，加强在图书设备等硬件设施方面的经费投入，优化资源配置，注重优秀师资力量的支持和引进，在各个方面给予政策倾斜。因此，在高校思想政治教育中必须优先发展人文教育，尽快使人文学科发展成为跟自然科学类学科并重甚至超越它的优势学科。

（二）加强人文知识的普及

　　人文精神的形成过程是一个从实体到认知的过程，即由具体的知识到处理事情的方法最后到形成观念的过程。培养人文精神的基础是人文知识的不断学习与积累。通常意义上的人文包括人文精神和人文知识。人文学科具有如下特点：

第一，告诉人们"人"是人的精神和人的本质的结合；第二，使人拥有灵活的头脑，并且懂得自我批判；第三，教人学会欣赏，使人开阔眼界。可以说，人文知识的学习有助于学生以直接或间接的方式懂得人生的价值，让学生能够认识自己的内心世界，并学会承担社会赋予的责任。人文知识积累得越多，观察事物的视野也就会越宽，处理事务时融会贯通的能力就会越强，进而创造力就越强，最终成功的可能性就越大。因此，要想提高学生的人文素养，合理设置人文课程是必不可少的。

1. 重视人文教育的课堂教学过程

课堂教学是当代高校对学生进行教育的主要手段，当然人文教育也不例外。因此，在学科设置方面，适当地增加人文社会学科课程的课时数是十分必要的。除此之外，高校还要充分利用各学院的专业优势，进行教学资源整合，各系之间实现资源共享，设置人文学科成为全校选修课，使全校学生可以跨专业、跨学科选修这些人文学科，优化学生知识结构，拓宽学生的人文视野。在课堂教学方面，教师在课堂教学过程中应该将人文精神渗透到所讲的内容中，不仅要做到"授业、解惑"，而且要做到"传道"，使学生树立正确的人生观、价值观。人文教育应该以古今中外的一切优秀文化成果为蓝本，内容涉及人文学科中的中文、史、哲等所有领域。学生通过学习这些课程并参与相关活动，可以在思想中沉淀一种文化，并使之潜移默化地影响自身的行为，以确立正确的处世原则，如爱国主义、集体主义等。

2. 定期开展人文知识讲座

高校各系之间要整合资源定期举办人文知识讲座，并鼓励学生多阅读人文方面的书籍。讲座具有不计学时、不会考试、不记名听讲等特点，非常符合现代大学生自由的性格，因此，讲座的形式在学校中颇受学生的欢迎。讲座的内容可以是主讲人的亲身体验或者精心准备的其他内容，主讲人应突出主题，以演讲式的激情，使讲座的内容引起大多数学生在时间和空间上的共鸣，发挥其强大的感召力。而这种感召是可以传染的，受感召的学生会感召同宿舍、本学校乃至校外的人，从而产生很大的精神效应。

（三）高度重视大学德育工作

要想普遍提高大学生的人文素质，大学德育工作势在必行。在新的时代，它肩负起为国家培养高素质合格人才的新的使命。所以，各高校必须从实际出发，努力探索新时期大学生德育工作的新方法、新途径，增强教学目标的实效性，要出效果，就不能进行走马观花式的教育。目前，我们的大学德育主要是通过政治课实现的，通过对哲学的剖析，让学生对人的存在及其本质有所思考，通过探究人与人的关系、人与世界的关系，拓宽学生的思维，陶冶学生的情操，使之建立良好的品行、正确的价值观。因此，我们必须提高思想政治教育课程在学校课程中的比例，以增强其在引导学生正确做人方面的作用。

德育课包含的内容非常丰富，在教学过程中应立足大学德育的现实状况，重点培养以下内容：

1. 重点培养学生的理想信念

人活在世上不能没有理想，理想是我们力量的源泉，是我们生存的动力，使我们在生活中不断完善。理想是人生的奋斗目标，是人们对未来的一种想象。

一个人如果失去了对美好未来的希望和想象，就没有了生活的精神支柱，没有了战胜艰难险阻的勇气，从而失去了创造更加灿烂生活的动力。反观社会也是如此，一个社会中的人如果失去了理想、信念，就不可能团结，这样的社会是动荡的社会，是不和谐的社会。

在现代社会中，一些大学生都没有"信仰"，没有真正意义上的精神支柱，很容易产生空虚的感觉，所以，我们要强化对大学生人文意识的培养，坚持理想信念的教育，深入进行爱国主义、集体主义的教育，使大学生树立正确的人生观、世界观和价值观，唤醒大学生的人文精神，提升大学生的综合素质水平。

2. 重点培养学生的道德修养

人文精神培养最核心的内容就是道德的培养，也是高校思想政治教育的最终目标。要想培养学生的人文精神，重中之重就是对学生进行道德教育，这也是高校思想政治教育的要求。道德是人们共同生活的行为准则与规范，是社会生产与生活中人与人之间关系的直接反映。一个完善的社会体制必须存在一个高于一切的道德约束，倘若一个社会没有道德的约束，那么社会的发展便没有保障。因此，加强大学的德育工作是培养大学生人文精神的必要条件。在加强的过程中要重视以下三个方面：

首先，加强学生的道德认知能力培养。就是让大学生在学习过程中，认清道德所包含的内容，辨明什么是合法的、什么是不合法的，什么是应当做的、什么是不应当做的。其次，加强道德伦理秩序的制度化建设，对经济社会中的负面因素加以约束和引导。最后，强化传统道德思想教育。通过对传统道德的发扬，唤起人们对高尚品德、美好事物的向往，从而提高人们的道德认知，有效地抵制拜金主义、利己主义等负面影响，营造良好的道德伦理氛围。

（四）将人文精神贯穿于专业课的教学中

人文精神无处不在。人文精神的培养。不是简单地合并现有的学科，而是要将人文学科和自然学科进行有机结合，将人文学科渗透到所有学科当中，渗透到所有课堂当中，旨在让所有专业的学生都树立共同的世界观、人生观、价值观，使他们形成共同的道德行为准则，最终形成科学与人文的统一和个人与社会的统一。

三、营造人文精神培养环境

（一）创建良好的社会环境

由于社会环境对校园教育的影响力越来越强，我们要提高校园内人文教育的效果就必须规范社会环境。社会不能通过一个单独的机构对它的一切组成部分发挥广泛而有效的作用，不管这个机构多么庞大。可以看出，社会是一个整体，它是不可分割的，社会的各部分是相互联系、相辅相成的。因此，要想提高整体的国民素质就不能单单靠学校的教育，需要全部社会组织都参与其中，学校实现校园生活中的人文教育，其他社会组织实现社会生活中的人文教育，而这两者之间又相互影响、相互作用，使得人在一生中都被这种优异的人文环境所影响。由此可见，社会环境的优化，将会对大学人文精神的建设产生深远的影响，是非常必要的。

1.加强制度建设

大学生人文精神的匮乏主要有两点因素：一方面，是学校教育上的疏忽；另一方面，社会也承担着无法推卸的责任。因此，培养大学生的人文精神，社会责无旁贷。而在社会力量中，政府充当着非常重要的角色，必须在政策上给予大力扶持，通过改革和完善制度等手段，争取创造出符合人文发展的合理机制。制度是对各种社会关系的明确化、固定化、规范化，它规范着人与人之间的社会关系。制度是社会和谐发展和运行的基础和保障。所以，制度不仅可以为好的、健康向上的精神现象的孕育和弘扬提供良好的社会环境，而且可以以刚性的规范约束、遏制不良及丑恶精神现象的滋长蔓延。

众所周知，我国的市场经济是中国特色社会主义市场经济。而我们从现代经济学中可以知道，不管是在社会主义体制下还是在资本主义体制下，市场经济就是一种法治经济，它是依赖于一整套规章制度的约束而运作的，仅仅依靠人们的自觉性构建起来的道德规范是不可能正常而有效地运作的。所以，我们可以看出，在当今社会，人文精神的建设不能只靠道德，必须依靠法治。

因此，政府应该顺应社会的发展，加大立法、执法的力度，使我们在生活中有法可依、有法必依、执法必严、违法必究，让这些规章制度给我们的人文精神建设提供可靠的法律保障，让社会的发展方向更加有利于青年学生的思想进步。

2.加强外部环境建设

人文精神的培养不仅要靠学校的教学，还需要学校外部环境即社会对它的大力支持。所以，大学的人文教育不能闭门造车，而是要适应外部社会环境。完善的社会人文环境有利于大学生逐步养成人文精神。倘若仅仅抓住学校中的人文教育，而忽视社会在这方面的影响力，就会使学校的人文教育失去社会基础。因此，要想对大学生进行全面的人文教育，就要在包括高校在内的全社会范围内推广人文精神，提高全民的人文素质，使得我们每个人都能处在健康向上的人文氛围中，从而给高校学生提供一个和谐、健康的精神环境。

3. 积极改善媒体环境

媒体由于传播途径十分广泛，近年来日益成为大众获取信息的主要平台，在人们的学习、生活中扮演着重要角色。但社会媒体总是表现得急功近利，略显浮躁。而它作为一种很重要的外部因素，在一定程度上制约了大学生人文精神的正确培养。如果我们的电视荧屏、电脑屏幕整天充斥着各种浮夸的事实、一些哗众取宠的人，各种媒体不去报道我国的科学精英、各行各业的能工巧匠，那么我们的社会怎么能培养出一批爱科学、敢为科学献身、追求高尚人品的人才呢？所以，我们殷切希望，各大媒体可以在不损害自身利益的同时可以尽可能多地发挥其正确的舆论导向作用，为青年的精神发展创造良好的环境，弘扬我们的人文精神。

（二）创造良好的校园环境

要想提高大学生的人文素质，除了在课堂上学习、在课外实践以外，还要注意外部环境的熏陶。作为大学生，这个外部环境主要就是校园环境。因此，我们需要大力建设和发展校园的人文环境，有效利用校园环境育人，最终达到人文精神教育的目的。

在现实中我们不难看出，具有浓郁的文化底蕴和人文氛围的校园文化对学生的各个方面都有较大的影响，如清华、北大这些知名学府、百年名校，在其深厚的文化底蕴和人文环境中，培养出来的学生除了具有深厚的文化知识外，还具有良好的素质修养。

历史的沉淀虽不流露于文字，但是弥漫于校园中的舆论氛围却潜移默化地影响着大多数人，对他们的行为产生影响。在健康的氛围下，生活在此的个体将受到好的影响。因此，我们可以看出，校园的人文环境具有潜在的教育价值。所以，借助一些措施营造良好的校园人文环境和文化氛围将是必不可少的，它将对改善现在大学生人文精神缺失的现状起到非常重要的作用。当学生身在这样的环境中耳濡目染，他们的人生观、世界观和价值观会不自觉地受到影响。

因此，我们要加强校园文化建设，建设良好的校园环境，在学校中形成浓厚的学术氛围。那么怎样的校园可以称为具有人文精神的校园环境呢？那就是，知识与学术并举、学科的一般性与特别性共存、在学术研究中也要体现艺术性和高雅性，以启发式教育作为重点。要具体实现上述目标需要从以下两个方面努力：

1. 加强校园文化活动的开展

校园文化是以学生为主要群体，以育人为主要目的，以校园为主要场所，以精神文化、环境文化、行为文化和制度文化建设等为主要内容，以校园精神、文明为主要特征的一种群体文化。校园文化是一种氛围、一种精神，不仅可以极大地提升学校的文化品位，更是一所学校综合实力的体现。校园文化活动的开展对提高高校师生员工的凝聚力，培养良好的校风，培育"四有"新人都具有重要的意义，是大学人文精神建设的重要组成部分。

校园文化的创建有以下三个目的：一是要营造浓厚的学术气氛，如积极举办各种对提高大学生素质修养有益的系列讲座；二是要通过文化节、学术研讨会、读书社等形式大力开展校园文化活动，让学生在大学期间多体会丰富多彩的校园文化生活，并在这些活动中使自己的精神得到升华，以培养他们对社会的责任感、使命感；三是大力开展艺术活动，除了上述讲座等形式以外，学校还可以大力开展艺术活动，如通过组织音乐会、晚会等多种活动营造高雅的艺术氛围，提高学生的艺术修养和审美能力，以培养学生的人文精神。我们要使学生在参与或观看这些活动的过程中，培养自身欣赏美、创造美的能力，并在这些活动中锻炼学生，提高学生对社会的适应能力，开阔其视野，丰富其知识，达到提高大学生综合素质的目的。

如果我们可以大力加强校园文化活动的开展，必将有利于校园文化的建设。在活动中，我们可以创造出有利于青年思想进步、素质提高的艺术氛围，在这种氛围的影响下，学生将认同学校的人文环境，也将会给校园中的日常管理工作带来便利。

2. 适当增加校园的人文景观数量

我们的校园，不仅仅是学生学习、生活的地方，还具有熏陶和感染学生行为的功能。一所拥有悠久历史、淳朴校风的高校，它的人文环境会非常和谐，这将会对培养学生的人文精神产生深远的影响。完备的教学设施、浓厚的学术氛围、优雅的校园环境等，对身处其中的学生能够起到潜移默化的影响。因此，高校加强环境建设势在必行，加强环境建设是提高校园文化水平的重要因素。

对校园自然环境，校方要积极开展绿化工作，使校园变得更加美观、和谐和统一。校园中的雕塑、名人名言等要给人以精神上的陶冶、激励，在细微之处体现学校教书育人的宗旨。高校要利用这些文化景观最大限度地对人的行为进行规范。

对教学设施方面，我们要尽可能地完善学校的科研设备、数字化设施以及校园网络，利用这些外部条件有效激发学生积极进行科学研讨的精神。高校还应该在校园内建设适量的人文景观，用这些美与知识的化身鼓舞学生、影响学生，并将这些人文景观建设成校园文化的标志，让它们的精神不断激励后来人。

第四节　新时代高校课程思想政治与思想政治理论课程协同育人的对策创新

一、树立理念：构筑课程思想政治与思想政治理论课程协同育人新格局

要使课程思想政治与思想政治理论课程同向同行，形成协同效应，首先要强化育人理念，只有培养坚定的协同育人意识，才能从思想上予以充分重视，在行动上持续跟进。一方面，要牢固树立立德树人理念；另一方面，要坚持树立"三全育人"理念和协同育人理念。只有从根本上意识到立德树人、"三全育人"、协同育人的重要性，高校的全员教职工才能在教学观念和教学行动上保持一致，进一步深化育人实践的探索创新，不断提升高校思想政治教育工作实效。立德树人是高校教育的根本任务，是高校一切教育教学活动的中心，与之呼应的是高校要形成"三全育人"格局，建构全员育人、全过程育人、全方位育人的育人体系。深入落实立德树人根本任务，践行"三全育人"综合改革实践，就需要将立德树人和"三全育人"进行更为具象化的实践，以整合育人资源为基础，实现具象化的课程思想政治与思想政治理论课程协同育人实践，实现全员教师育人能力

提升、课堂教学质量提升、各类课程与思想政治理论课程协同效应充分发挥的"共赢"局面。

（一）树立立德树人理念

构筑课程思想政治与思想政治理论课程协同育人新格局，需要牢固树立立德树人理念。树立立德树人理念，是落实立德树人根本任务、实现课程思想政治与思想政治理论课程协同育人的思想基础。党中央在新时代从高等教育的现实出发，根据经济社会发展的实际需要，对教育根本任务的概括是对高校教育教学发展提出的总遵循要求。也就是说，高校的全部教育教学工作都要围绕立德树人这个中心点展开工作，不断在高校各方面建设中落实立德树人根本任务，创新高校立德树人实践的新方法、新模式，为青年学生提供更高质量的教育。

树立立德树人理念要做到四方面：

首先，教师要以自身为学生树立榜样。古人语："师者，人之模范也。"高校教师的一言一行都潜移默化地给学生以极大影响。教师对学生人生观、价值观的形成有很强的影响力。所以，教师必须自身坚定马克思主义的指导，要做到知行合一，自身要先受教育，要有坚定的理想信念，要树立正确的世界观、人生观、价值观，时刻做社会主义核心价值观的践行者，才能切实做好学生在追寻梦想以及坚定理想信念过程中的引路人和指导者。高校教师在育人之前，首先要育己。一是要加强自我思想政治教育；二是要多参加各种思想政治教育的实践活动，把自主学习和集中学习结合起来，不断提升自身修养，提高自身高尚的道德情操，在实际生活以及教学活动中时刻以高尚的品德、优良的作风对学生起到引领和带头示范作用。

其次，教师要深入践行教书育人。育人是高校全员教师的责任和使命，是课程教学过程中不可缺少的环节。要落实立德树人根本任务，教师就必须不断提高教书育人本领，做好最基本的教书育人工作，既要传递科学知识，帮助学生进行能力提升，更要在价值观导向上对青年学生进行正确引导。如果缺失价值观引导，学生在价值观上出现偏差，培养出来的人才就不合格。所培养的人如果光有知识和能力，但在思想上和行动上都是有害于国家和人民的，那就说明了我们的人才培养是不成功的，也就说明我们的教育出现了问题。立德树人是人才培养需要围绕的中心，所有教学工作都要以立德树人为指针，高校全员教师要深刻认识立德树人的重要性，在教学中切实承担起教书育人的责任，不断探索教书育人实践的创新方法，进一步推进育人环节落地落实。

再次，要创新育人模式。落实立德树人根本任务应当是高校全员教师的共识，在教育教学全过程中，这种共识应当将实际的知识传授、能力培养、价值塑造三者有机统一起来进行传递和表达。在高校，不同课程之间在育人的目标方向上是一致的，都是要用马克思主义理论思想武装学生头脑，将习近平新时代中国特色社会主义思想贯穿其中，在思想政治教育的引导上凝聚共识，着力培养合格的社会主义建设者和接班人。不同的课程之间要做好衔接配合，要起到协同效应，就需要坚定共同以立德树人作为教育的根本目标，推进不同课程形成育人合力，在育人引导上实现相互确认，构建多方共通的育人环境，帮助学生形成正确的价值共识。协同共商是真正要管好各自"育人责任田"的基础，高校教师需要从心态上、工作意识上打破过去一些陈旧的教育思维，切实在不同专业学科之间的育人方面进行沟通和协商，而不是思想政治理论课教师就只负责上自己的思想政治理论课，专业课教师只负责自己的课程思想政治实践。在教书育人的方法上，思想政治理论课教师与专业课、通识课教师之间要创新协同育人模式，充分运用新媒体技术手段加强相互之间的对话和交流，形成课程思想政治与思想政治理论课程之间的育人交流机制，时时化解课程思想政治与思想政治理论课程在育人实践中的问题和难点，为建立高效运行的课程育人体系消除壁垒。比如课程思想政治在专业课、通识课的课堂实践中，对一些政治概念的表述、提法、用法是否恰当，会不会还在用旧式的概念表述和阐释，这都是需要与思想政治理论课教师进行沟通的点。思想政治元素的挖掘不能是专业课教师和通识课教师的自主行为，不能想当然地自行其是。育人要懂政治、讲政治，要明明白白地确认课程中的育人内容对培养为社会主义服务、为社会主义建设培养合格人才的清晰定位。如果课程思想政治与思想政治理论课程脱节，不但会降低思想政治理论课的既有教学成效，更会影响课程思想政治建设实效。不论是思想政治理论课教师，还是专业课教师、通识课教师，以及教育行政管理人员都要深入学习并牢固树立立德树人理念，努力探索立德树人的育人实践策略，这不是某个部门、某个教学单位，或某个教师的孤军奋战。在管理上，要不断完善体制机制建设。在教学上，应当形成高度的共识，拥有共同的育人愿望，共担育人的使命，共促育人的质量，才能通过教师之间的相互交流和培训，在教学的育人引导内容、育人引导方向、育人引导方法等方面形成有效的合力，避免内容重复、方式重复、育人方向不一致、概念解释不合理等偏差问题，以确保高校课程育人的整体质量稳中有进。

最后，要以服务学生为根本。按照"双主体理论"，不论是课程思想政治课还是思想政治理论课程，都不再是单向度的施教活动，而是从过去的教师是教育活动的单主体，转向突出教师主体地位的同时，充分发挥学生的主体地位。过去传统的教育理念中，教师是教育活动的施教者，学生是教育活动的受教者，这种单一的主客体关系无助于高校思想政治教育实效的充分发挥，立德树人也要充分考虑学生的学习感受。高校办学的根本目标是培养合格的有用人才，立德树人落实成效是检验课程思想政治和思想政治理论课程的基本依据，最终都是以学生的成长成才来衡量。要看学生是否学会用辩证唯物主义和历史唯物主义的立场、观点、方法去分析问题和解决问题；是否在做社会主义核心价值观的践行者；是否树立爱国主义思想，坚定理想信念；是否自觉遵守道德规范，葆有艰苦奋斗的精神和自觉抵御不良思想文化的意识。关注学生的成长成才需求是课程思想政治与思想政治理论课程协同育人的着力点，只有当学生将所有受教育的过程内化为自觉成长的信念和目标时，才能达到教育所要实现的基本要求。以服务学生为根本，从课程育人的维度来讲，就是要解决课程思想政治与思想政治理论课程存在的各种"两张皮"现象，从而为学生提供优质的思想政治教育教学资源。其中，推进课程思想政治与思想政治理论课程协同育人就是要做好"显性育人"和"隐性育人"协同配合，将思想政治理论课同其他各类课程形成育人"同心圆"，让各类课程与思想政治理论课程形成协同效应，充分发挥所有课程的育人功能和作用。通过教学主体、教学内容、教学任务、教学过程等协同，在教育教学的各环节更加关注学生的价值观培育和心理健康成长，把学生成长成才的需求放在更加重要的位置。

（二）树立"三全育人"理念

"三全育人"是党中央、国务院对高校提出的坚持全员、全过程、全方位育人的要求。推动课程思想政治与思想政治理论课程协同发展，将思想政治教育贯穿高校教育教学的全过程是实践全员育人、全过程育人、全方位育人的生动体现。

高校课堂是育人的主渠道，高校教师的育人认识和水平跟不上，"三全育人"理念就难以落地，课程思想政治与思想政治理论课程协同育人推进落实"三全育人"的实践就难以取得成效。在各类课程中挖掘思想政治元素并将其融入课程之中，需要把高校全员教师积极性调动起来，不仅要让他们主动践行育人工作，还要使其相互之间形成协同育人的良好氛围，各个部门之间和各类课程教师之间形成强烈的协同育人意识。在开展"三全育人"综合改革的探索中，实践全员、全过程、全方位育人的过程既要在各个环节把思想价值引领贯穿教育教学全程，更要注重全员教师的整体育人意识和育人能力提升、全过程整体育人实践实效提升、全方位整体育人质量提升。树立"三全育人"理念，实践"三全育人"综合改革是对当下育人资源、育人载体的优化整合，是对长远建立更为科学化、合理化育人格局的重新构建。为了适应新时代教育发展的新要求，培养新时代德智体美劳全面发展的合格的社会主义建设者和接班人，高校需要大力推动课程思想政治与思想政治理论课程协同育人实践，进一步强化高校全员教师深入实践"三全育人"的本领，增强全员育人意识，提升教育教学全过程的质量。

高校所有教育教学工作者都肩负着育人的重要职责，这是光荣的使命所在，也是教育教学质量的内生要求。在"三全育人"理念中，要实践全程育人、全方位育人的前提就是全员育人。课程思想政治与思想政治理论课程进行有机结合的一个重要方面，是要让思想政治理论课教师与其他各类专业课、通识课教师之间形成协同育人意识，加强在育人理念、育人方法、育人内容、育人效果等方面的沟通交流，强化协同互助，切实实践各类课程与思想政治理论课程同向同行，形成协同效应。广大教师需要深入学习和践行"三全育人"理念，将课程思想政治与思想政治理论课程协同育人实践与"三全育人"理念结合起来认识。

思想政治教育的课堂教学实践不是思想政治理论课程的专属，在推进构建"三全育人"教育格局的过程中，需要清晰地认识到思想政治教育是所有课程在教学过程中不可或缺的一环。高校全员教师都要引导青年学生树立坚定的理想信念，通过课程学习实践树立正确的世界观、人生观、价值观，不断提升明辨是非的能力，自觉深入践行社会主义核心价值观，坚定道路自信、理论自信、制度自信、文化自信，在学习知识文化、锻炼技术能力的同时，明确知识文化和技术能力的使用方向，为党和国家社会主义事业不断奋进努力。

（三）树立协同育人理念

课程思想政治中的各类课程与思想政治理论课程要进行深入协同，特别是在主体协同层面，各类专业课教师、通识课教师与思想政治理论课教师之间要构建协同育人理念。

第一，协同育人是课程育人不可或缺的环节。专业课教师、通识课教师与思想政治理论课教师彼此不但需要配合，更需要在教学方面以及对学生的认识等方面深入交流，形成协同共识。

第二，协同育人有助于各类课程与思想政治理论课程形成良性配合。专业课教师通过向学生传授知识与技能，寓思想政治教育于课堂教学主渠道，以隐性教育方式呈现。思想政治理论课教师通过思想政治理论课程讲授形势与政策等内容，主要以显性教育方式对大学生开展思想政治教育。二者只有相互协同，在教师主体层面进行协同对接，在教材内容上进行协同对接，在育人意识和能力上协同互助，在教学的显性育人和隐性育人方面形成有机统一，在教学内容和教学方式上达成共识，才能避免把专业课上成思想政治理论课，避免专业课的思想政治育人引导与思想政治理论课的思想政治育人引导完全重复化，解决种种课程思想政治与思想政治理论课程相互之间可能存在的不协同导致的冲突或偏差问题。唯有通过推进课程思想政治与思想政治理论课程进行协同，才能形成巨大的育人合力，也才能收到同向同行、形成协同效应的预期教育效果。

二、加强管理：提升课程思想政治与思想政治理论课程协同育人的指导水平

（一）加强学校党委的统一领导

对高校实行什么领导体制，人们在不同的历史时期有过不同的探索和实践。事实证明，在坚持和加强党对高校思想政治教育领导工作极其重视时，高校的思想政治教育工作就得到持续的加强和优化；而在坚持和加强党对高校思想政治教育领导工作不被充分重视时，高校的思想政治教育工作就会受到消极影响，思想政治工作的成效就会下降。

高校课程思想政治与思想政治理论课程协同育人实践的指挥部在高校党委，战场在高校，战线在课堂，教师是战斗员，课程内容是战斗武器。要增强高校思想政治教育的实效，高校党委必须靠前指挥，抓好重点，引导广大师生增强"四个意识"、坚定"四个自信"、做到"两个维护"，自觉强化政治责任，提高政治能力，为高校思想政治教育工作把握好前进方向，为培养社会主义事业的合格建设者和可靠接班人做好指导工作。

1. 持续夯实学校党委领导下的校长负责制

始终坚持党对高校的领导，是高校开展一切思想政治教育工作的出发点，高校的各个思想政治教育工作部门，包括党委行政机构、各个教学院系单位，以及全体师生群团组织都要坚决拥护高校党委的决策部署，统一思想、统一行动。与此同时，高校党委要高度重视课程思想政治和思想政治理论课程的建设工作。强化高校党委抓好课程思想政治和思想政治理论课程工作的责任，将课程思想政治和思想政治理论课程纳入党委工作重要议程，通盘考虑，抓好关键，推动课程思想政治与思想政治理论课程同向同行，形成协同效应。课程思想政治建设需要高校进行顶层设计，需要根据学校师资队伍、课程思想政治实际、思想政治理论课程实际、专业课程实际等进行整体谋划，以科学化指导、精细化实施、有效性推进的方针积极调动各管理部门和全员教师相互协同、共同协作，以实现全员、全过程、全方位育人的目标。

2. 构建"一核多维"的领导管理协同机制

高校思想政治教育在专业课、通识课、思想政治理论课上的全课程运行是一个复杂的整体，要使这个作为整体系统内部的各个子系统之间协同运作，实现预期的课程思想政治与思想政治理论课程同向同行、形成协同效应的理想效果，离不开领导管理机制的优化完善。要强化课程育人系统内部各个子系统之间的协同配合，提升思想政治教育在高校所有专业课程中的有效性和实效性，首先就要构建一套高校课程思想政治与思想政治理论课程协同育人的领导管理协同机制。

在高校的思想政治工作中，提出构建"一核多维"的领导管理协同机制是让高校的领导层和管理层形成统一意识，在党委的统一领导下，党政齐抓共管，各个教学部门和各门课程教师高效协作，有机互联，共同推进高校思想政治工作有效、有序地展开。在"一核多维"的领导管理协同机制中，"一核"即以高校党委领导下的校长负责制的领导层为核心，"多维"是指学校的宣传部、教务处、马克思主义学院、各教学院系单位等共同组成的协同育人工作管理层。

只有高校的领导层和各个管理职能部门对课程思想政治与思想政治理论课程协同育人工作的认识统一起来，建立领导管理协同机制，才能保障高校课程思想政治与思想政治理论课程协同育人实践的各环节工作落地落实。

"一核多维"的领导管理协同机制，在构成主体上主要是指关系高校课程思想政治与思想政治理论课程建设和发展的领导层和管理层。我国的高校采用的是党委领导下的校长负责制的领导体制。高校的最高领导层是校级党政领导班子，负责贯彻执行国家教育方针政策，研究制订学校发展规划和工作计划，指导学校各管理层工作。高校管理层指的是与高校思想政治工作相关的职能机构，侧重具体组织、策划、实施各项思想政治教育工作，实施常规性指导、协调、监督、检查、评价等工作。结合高校思想政治教育工作在领导层和管理层的分工，从加强课程思想政治与思想政治理论课程协同育人角度看，需要以高校校级党政领导班子为核心，成立专门的课程思想政治与思想政治理论课程协同育人领导小组，全面负责课程思想政治与思想政治理论课程的整体建设。在管理层，学校的教务处、宣传部、马克思主义学院以及高校所属的各个院系教学单位需要进行协同管理。在管理层的协同下，更要把重点聚焦到各个部门、各个专业的各个教研室之间的课程思想政治与思想政治理论课程交流互动，共同推进课程思想政治建设工作和思想政治理论课程建设工作的有效开展。

在高校思想政治教育工作中，要加强课程思想政治与思想政治理论课程协同育人实践，增进课程育人实效，需要构建并完善"一核多维"的领导管理协同机制。提出"一核多维"的领导管理协同机制模式设想，要从顶层管理上抓好落实课程思想政治与思想政治理论课程协同发展，有序整合资源，推进课程育人质量的整体提升，这对高校思想政治教育工作的有效深入推进是有益的。在开展课程思想政治与思想政治理论课程协同育人工作中，高校领导层和管理层共同形成合力展开工作，在党委的统一领导下，党政齐抓共管，各相关部门有机协同，各类课程教师积极参与互动，共同推进课程思想政治与思想政治理论课程协同育人，以形成协同育人工作格局。

构建"一核多维"的领导管理协同机制有以下两点好处：一是有助于集中对课程思想政治和思想政治理论课程涉及的各个院系进行统一管理；二是有助于加强各个管理部门和各个院系在推进课程思想政治建设和加强思想政治理论课程改革方面形成共识，加强思想政治教育教学共享、融通、沟通、配合、合作、协商等协同，加强课程育人的科学化管理，既有助于提高课程思想政治和思想政治理论课程的共同建设、增强课程育人实效，也有助于提高领导管理层的工作效率，对领导管理层实时接收各方面的反馈意见、及时掌握思想政治教育在课程中推进的进度和发展状况十分有益，能够有效促进高校思想政治教育工作质量的提升。

（二）明晰协同育人的主体责任

1.教育行政部门：组织领导者

课程思想政治是新时期高校思想政治教育的一次重大课程育人改革，课程思想政治与思想政治理论课程协同育人是这次教育改革不可或缺的环节，既直接关系到思想政治理论课程教育教学的实效，也直接影响着课程思想政治建设的质量。不论是课程思想政治建设，或是思想政治理论课程改革，还是课程思想政治与思想政治理论课程协同育人机制的构建，都离不开教育行政部门的科学部署、准确指导、精准施策，其为高校课程思想政治工作的有序开展指明了前行的方向。

教育行政部门要承担起高校课程思想政治与思想政治理论课程协同育人的方向指导工作。当前，我国高校教育教学不论是深度还是广度，都实现了突飞猛进的跨越式发展，协同育人在多个层面被提出，家校协同育人、校企协同育人等理念得到广泛的认同，在实践上得到广泛开展。课程思想政治开始进入高质量建设的历史新阶段，课程思想政治与思想政治理论课程协同育人开始提上日程。在我国，中央教育行政部门和各地方教育部门都对思想政治理论课与其他各类专业课、通识课协同育人提出了明确的方向要求，为各高校探索课程思想政治与思想政治理论课程协同育人方案的制订提供了遵循。

教育行政部门要提供足够的政策设计和制度供给。高校课程思想政治与思想政治理论课程协同育人涉及教学内容、教学队伍、教学任务、教学方式、教学过程等诸多具体的方面，两者的协同育人工作开展需要制定相应的协同制度以保障其有序、有效推进。教育行政部门要充分做好调查研究，及时收集各方面反馈的协同育人需求以及协同育人机制建设建议、统筹规划、科学研判，制定相对专门化的政策予以支持，在制度制定上给予科学合理的建设建议，为实现课程思想政治与思想政治理论课程同向同行、形成协同效应提供保障。

2. 高校各部门：主要协调者

高校不论是各个行政管理部门，还是各个教学院系部门，都承担着各自主要的工作任务。当课程思想政治要求在全国所有高校所有专业所有课程全面推行后，高校各个职能部门都承担着推进课程思想政治建设的各项指标任务。在思想政治理论课与其他各门课程联系不紧密、育人对接不充分、协同育人机制尚未建立的情况下，课程思想政治与思想政治理论课程协同育人成为教育教学要完善的必然工作。课程思想政治与思想政治理论课程协同育人涉及要实现高校各个教学院系的互联互通，包括思想政治教师队伍与专业课、通识课教师队伍的协同，思想政治理论课教学内容与专业课、通识课思想政治元素挖掘应用的协同，各院系专业人才培养方案的协同等教育教学过程中各要素的协同配合、协同联动。这都需要高校内部各个职能部门、专业院系积极谋划课程思想政治与思想政治理论课程协同育人工作的开展，协调好两者协同育人工作的落地落实。各职能部门、各教学院系要完善教师考核评价机制和教育教学激励机制，在协同育人实践活动开展的各方面给予大力支持。

3. 教师：主要行动者

在高校课程思想政治与思想政治理论课程协同育人的实践活动中，教师是关键。高校教师不但要在教学时间的"量"上达标，更要下功夫在教育教学的"质"上有所作为。要保障教育教学的质量要做到以下两点：一方面，要提升教师的教书育人能力；另一方面，要督促教师严格履行教育教学应尽的职责。构建高校课程思想政治与思想政治理论课程协同育人机制，是课程思想政治发展的需要，是时代和社会发展的需要，也是学生成长成才的需要。教师作为高校课程思想政治与思想政治理论课程协同育人的行动者、实施者，既要履行好协同育人的职责，也要在协同育人的过程中汲取养分，拓宽教书育人的思路，改进教书育人的方法，消除不同课程之间育人内容的隔阂和脱节，共同为实践好教书育人工作而努力。

在课程思想政治大力推进的当下，专业课、通识课教师存在思想政治育人知识欠缺、育人能力不足的问题，部分专业课和通识课教师主动与思想政治理论课教师协同沟通意识不强、意愿不够。同时，部分思想政治理论课教师向专业课、通识课教师学习以拓展思想政治教育的深度和广度的意识不强，对助力其他课程教师提升育人能力的重视不够。两类课程教师对协同育人实践的重视程度都不够。尽管国家相关政策和制度要求教师要履行教书育人职责，要求思想政治理论课与其他各门课程同向同行，形成协同效应，但并不意味着高校思想政治教育教学的各项相关体制和机制就已经完善和健全。针对专业课教师、通识课教师与思想政治理论课教师相互协同配合少，协同过程缺失，协同育人的主动性、积极性不够的问题，相关教育部门和教育管理者应当切实加强调研，深入了解两类课程教师面临的现实难点、痛点，厘清协同育人的工作任务，对与教师切身相关的工作任务、考核内容标准、职称评定推荐、评价激励保障等进行梳理，明确专业课教师、通识课教师与思想政治理论课教师协同育人的具体内容、具体形式、具体方式、具体任务、具体过程、具体目标，将工作职责细化和具体化，切实增强教师协同育人的积极性和主动性，强化教师协同育人的责任意识。

（三）完善协同育人的组织机构

1.成立协同育人专家咨询委员会

近年来，高校课程思想政治得到普遍推广，教育部更是明文规定，要求全国所有高校所有学科专业都要深入推进课程思想政治。课程思想政治与思想政治理论课程在全国所有高校同向同行的格局已经形成，但是在课程思想政治建设过程中，很多高校面临着诸多难题。一方面，课程思想政治的主要工作面在专业课、通识课，而不同的学校出于历史以及办学特色等综合原因，在专业设置甚至专业课程的安排上都存在一定差异，照搬照抄不大可行。因而，各个高校必须结合自身实际首先进行顶层设计。但是，多数学校的大部分教师对课程思想政治的理念、教学方式、思想政治元素范围，以及课程思想政治与思想政治理论课程的关系都还有一定的认识误区，对课程思想政治的重要性和全员教师应担负的育人责任认识还不够充分。课程思想政治与思想政治理论课程之间各自的优势没有得到充分发挥，没有最大限度实现优势互补，教师之间沟通交流少。在育人机制方面，学校在教师思想政治育人能力提升、协同育人激励保障、协同育人活动平台搭建等方面的进展都还相对滞后。课程思想政治与思想政治理论课程同向同行已在行进中，但是要形成协同效应，就必须开始实际的协同工作才有产生协同效应的可能。否则，就是两条同向同行的平行线，不能拧成一股绳形成合力，这必然会降低课程思想政治教育的韧性。

高校思想政治教育需要不断激发管理的内生动力，不断通过内部改革，汲取内部资源滋养，充分吸收外部优秀资源，切实根据自身实际制定科学合理的课程思想政治建设和思想政治理论课程改革方案。理论是行动的先导，思想是前进的旗帜。高校推进课程思想政治与思想政治理论课程同向同行，并要形成协同效应，就需要完善协同育人的组织机构，为协同育人实践奠定基础。所以，各高校有必要成立课程思想政治与思想政治理论课程协同育人专家咨询委员会。整合高校教务处、宣传部、马克思主义学院、团委，以及各个院系专业的教师代表组成课程思想政治与思想政治理论课程协同育人专家咨询委员会，对推进课程思想政治建设和思想政治理论课程改革过程中面临的重点工作任务和亟需解决的工作难点，积极参与谋划工作责任分解方案，对具体工作的牵头部门、责任部门，以及具体责任人等方面进行科学性、专业性、可操作性等全方位论证，及时将反馈收集的各种问题集中起来进行研判，不断为优化协同育人相关机制建言献策，充分发挥高校课程思想政治与思想政治理论课程协同育人的"智囊团"作用，保障课程思想政治与思想政治理论课程协同育人综合实践能够高质量推进。

成立课程思想政治与思想政治理论课程协同育人专家咨询委员会，为高校在课程思想政治和思想政治理论课程改革、建设等各个方面的宏观决策、重大部署、方案制订等提供理论和实务上的重要参考意见和建议，这有利于提高高校思想政治教育工作的科学决策水平，增强高校课程育人实效。专家咨询委员会成员可以结合不同学科专业视角，为学校在课程思想政治与思想政治理论课程的各项改革建设中建言献策，充分发挥智库作用。在面临专业课教师对思想政治内容范围把握还不够精准，在课程中结合专业引出思想政治元素进行价值塑造面临的种种能力不足、监管范围大，谁才能专业地进行课程思想政治监管和协助等一系列问题时，依托成立专家咨询委员会能够及时完善和提出各项课程思想政治和思想政治理论课程建设、改革的方案，不断总结和评估高校课程思想政治与思想政治理论课程建设的成果和经验，从而形成可供学校以及学校各个教学部门参考的思想政治工作流程规范和问题解决方案，及时有效地助推课程思想政治与思想政治理论课程协同育人机制不断完善，更加有效地助力高校所有课程育人功能的充分发挥，让课程思想政治与思想政治理论课程落地落实，产生协同效应。

2. 设立协同育人教改办公室

当前，全国许多高校都普遍成立了课程思想政治建设工作领导小组，以统筹推进课程思想政治教学改革试点的各项工作。高校的思想政治理论课程仍旧主要由高校马克思主义学院负责日常教育教学的各项事务。在此基础上，高校还有必要设立课程思想政治与思想政治理论课程协同育人教改办公室，协调处理课程思想政治与思想政治理论课程建设和改革的各项工作任务。因为课程思想政治建设工作领导小组虽然聚焦思想政治建设，但对要实现高校课程思想政治与思想政治理论课程同向同行，以形成协同效应的目标来讲是不够的。

课程思想政治与思想政治理论课程都是通过课程进行价值观塑造，各个课程都有各自的专业方向，又有不同的教师负责课程，从教学大纲修订，再到教案编写、多媒体课件制作等方面有诸多环节的工作需要落细落实。设立协同育人教改办公室，可以有效优化各种教育教学资源的配置和使用，真正在课程育人的效率上增效、在课程育人的方法上提升、在课程育人的能力上进阶、在课程育人的制度上完善。要进一步实现高校教育教学内涵式发展和高质量建设，就需要在基础性工作上下功夫，在细节上不断完善，才能更好地积极营造全员、全程、全方位育人的格局。

设立协同育人教改办公室，在其功能上不仅聚焦课程思想政治建设和思想政治理论课程改进，还可以为课程思想政治与思想政治理论课程协同育人提供育人环境，为其提供积极有益的辅助。把课程育人与科研育人、实践育人、文化育人、网络育人、心理育人、管理育人、服务育人、资助育人、组织育人等有机结合，为课程思想政治与思想政治理论课程营造有利的育人环境，为课程思想政治与思想政治理论课程形成合力、形成协同效应做好积极的协助工作。比如某专业课教师可以结合专业课程申报校级课程思想政治科研课题，从一线教师的角度，在理论上、实践上分析需要协同的方面，为课程思想政治与思想政治理论课程形成合力、产生协同效应、增强课程育人实效，提供诸多有益的滋养。

第六章 高校思想政治理论课评价体系建设与师资培养

第一节 思想政治理论课教学考核评价体系创新的有效性思考

一、思想政治理论课教学考核评价体系创新的必要性

近年来，中共中央、教育部要求各高校采取切实措施加强思想政治理论课的教学改革，改革教学方法，提高教学质量。思想政治理论课课堂教学是实现教学目标的主要渠道，构建高校思想政治理论课课堂教学考核评价体系在提高思想政治理论课教学质量方面的重要性不言而喻。故此，深入研究和剖析高校思想政治理论课考核评价体系，具有重要的现实意义。

（一）提高思想政治理论课教师队伍整体素质的必要手段

专业且科学的教学考核评价机制是引导思想政治理论课教师队伍专业化建设方向，准确评估队伍状况，是进一步提高整体素质的必要环节。我国思想政治理论课教师队伍整体上素质过硬、教学水平较高，但队伍本身还存在与现实需要不适配的问题。思想政治理论课在高校内是公共必修课，任何专业的学生都需要进行思想政治理论知识的学习。

（二）反馈思想政治理论课教学中存在问题的重要依据

检查学生的学习效果和反馈教师上课的实效性是教学工作中的重要环节。如果没有考核评价，整个教学活动就会变成只有执行而没有反馈的过程。思想政治

理论课教学考核评价体系的构建，可以按照一定的评价标准对课堂教学的整个过程进行合理"诊断"，发现思想政治理论课教学过程的不足之处。一方面，帮助我们诊断思想政治理论课教学效果达到了何种程度，并发现在教学过程中存在的问题，比如教学计划的设置是否合理、教学方法是否能被学生接受、教学管理是否有效等；另一方面，帮助我们了解学生知识掌握的情况、能力提升的情况、对任课教师的意见以及对思想政治理论课的学习态度等，并且可以有效地检测思想政治理论课的教学质量。考核评价的信息会及时反馈教学过程中的不足之处，还可以根据问题找到成因，进而为下一步课堂教学改进和完善提供依据。教师可以根据评价结果"对症下药"，及时改善教学行为，更高效地实现教学目标。学生也可以根据反馈信息，了解自身的学习情况，积极正面的评价能激发学生的学习动力和热情，以获得更好的学习效果和促进自身发展。这既需要思想政治理论课教师直面问题、自觉及时调整，更需要学生的积极参与和自我调节。

（三）高校思想政治教育效果实现精准测评的必然要求

教学评价不仅是对客观教学过程和结果的简单价值判断，更是指导和改善教学的指挥棒。以什么样的标准构建教学评价体系，对形成科学的教学评价体系和有效地实现教学目标有直接意义。科学合理的课堂教学考核评价体系能够反过来指导课堂教学的开展，对教学实效性和质量的提高也有重要的导向作用。很多时候，要有一定的标准和方向作为开展思想政治教育工作的重要指引，考核评价就像指南针，为思想政治理论课课堂教学改革和发展指引方向。较好的评价结果会对师生产生正面的激励作用，不好的评价结果也能够让师生产生一定压力来及时改进教学和学习习惯。不管是工科大学、文科大学还是综合性大学，都应结合自身的办学类型、办学层次等实际问题，建立适合本校的考核评价体制，不可盲目照搬其他学校的考核评价体制，避免千篇一律的现象。

二、思想政治理论课教学考核评价体系创新的重要性

党和国家极其重视高等学校的思想政治工作。高校是培养社会主义接班人及践行者的主战场，担负着培养实现中华民族伟大复兴的中国梦建设者和接班人的

历史重任。因此，我们要放眼全局、放眼未来，以高度的战略视野来认识、分析和总结思想政治理论课考核评价体系构建的重要性。

（一）有利于激励师生共同进步

教学考核评价除了可以看出教学效果达到何种程度以外，还可以使存在的问题获得改进，从而有效地促进师生的共同进步。教学评价的出发点在于全面贯彻教育方针，培养全面发展的人。因此，思想政治理论课的教学考核评价就要以思想政治理论课课堂的教学目的以及教学原则的要求为评价标准，对思想政治理论课的教学实效做出判断。科学的评价理念以及合理的评价制度和评价体系，才能确保实现思想政治理论课教学的育人功能。思想政治理论课教学考核评价通常涵盖教师以及学生两个部分。对教师来说，主要是对其课堂的教学手段、教学设计、课堂管理、教学效果进行评价；对学生来说，则是对其在学习思想政治理论知识后的成果和学习效果进行评价。他们的教学活动经过评价后，一些教师会获得一个相对满意的评价，使他们得到了积极的肯定和鼓励，从而激发思想政治理论课教师的内在动力；还有一部分教师通过评价结果反思了自己教学活动中存在的不足之处，明确今后努力的方向，进而加以改正，这就对教师产生了一定的规范和制约。对学生而言，学生学习知识的情况可以经过教学考核评价进行分析说明，能够调动其学习积极性，且有利于形成学生之间良好互助的学习氛围。思想政治理论课教学考核评价体系的构建有利于调动学生学习思想政治理论课的主观能动性，激发学生的自主学习热情。另外，也能在一定程度上激发考核评价结果不太理想的学生，通过考核评价激励使评价者向更好的方向发展。对思想政治理论课教师和学生来说，在评价过程中既能够体验到成功的快乐和满足，也会感受到因未实现目标的遗憾而带来的压力和紧张，这些都会直接或间接地对双方产生激励作用，推动教师更加有效地开展教学工作，切实提升高校的思想政治教育水平，促进师生共同进步。

（二）有利于提高思想政治理论课课堂教学实效

构建科学的教学考核评价体系是不断提高思想政治理论课教学实效，促进思想政治教育良好发展的一项重要工作。思想政治理论课是大学生接受思想政治教育的主战场，长期以来，许多专家学者都把研究重点放在如何提高思想政治理论课教学质量、如何发挥思想政治理论课教育实效和实现育人功能这一重要工作上，这也是当前许多教育工作者普遍重视的热点问题。课堂教学考核评价是教育教学过程中必不可少的重要环节，它对深化教学改革、提高思想政治理论课的教育实效具有重要作用。通过科学的考核评价体系的运用，得出有效的考核评价信息，可以诊断出思想政治理论课教学中的问题所在，针对存在的不足加以改善，从而达到教学目的，提高思想政治理论课课堂教学实效。在实际的课堂教学中，教师的教学准备是否充足，教材处理是否规范，课堂管理是否得当，以及学生的知识接受程度以及课后的学习效果都能通过评价体现出来。倘若教学考核评价体系不完善或者只是流于形式，没有科学合理的评价指标，那么高校思想政治教育效果的提升和优化也就没有基础可言，立德树人根本任务的落实则无法保证。

（三）有利于推动教学改革

思想政治理论课教学考核评价是深度推进教学改革切实有效的重要举措。从教师的角度看，其首要任务就是教学，如果在教学考核评价中注重对教学内容、过程、方法等方面创新的考核评价，则有助于激发教师积极推进教学改革，提升思想政治理论课的教学实效。教师在新的考核评价指标的推动下，合理安排教学内容，适当地借助现代教育技术，将传统的教学方法与新型的现代教育方法创造性地结合起来，探索出行之有效的教学方法。这既要求我们要熟练掌握和运用先进的现代教育理念，还要求运用切合教学改革需要的评价内容、方法和标准体系。

综上所述，合理有效的教学考核评价体系在一定程度上有利于促进思想政治理论课教师进行教学创新，变革传统陈旧的教育思想，推进教学改革。

（四）有利于落实立德树人的教育目标

高校思想政治理论课关涉立德树人根本任务的落实。立德树人是教育的根本任务，而思想政治理论课则是落实立德树人根本任务的关键课程。思想政治教育的实质是为了促进个人自由全面地发展，并为社会主义建设做出贡献，这与教育的根本任务是一致的。高校思想政治理论课是牢牢把握对青年进行价值引领的主渠道和主阵地，新时代高校思想政治理论课通过构建新型的教学考核评价体系，改善以往高校思想政治理论课课堂教学重知识目标轻情感目标的评价方式，引导学生学会辨别、思考，侧重关注学生在学习活动中的情绪以及课后的价值观念发展情况。通过考核评价标准的设定来慢慢改善思想政治理论课课堂教学评价中出现的问题，提升思想政治理论课课堂教学的效果。

三、思想政治理论课教学考核评价体系有效性思考

评价泛指衡量人或事物的作用或价值。教学评价主要是指对课堂教学活动的过程与结果做出的一系列价值判断行为。思想政治理论课教学评价体系不仅包括对教师的教学活动及手段、内容、方法等进行评价，还包括对课堂中学生的学习态度、行为学习和效果等多个方面的评价。此外，还应该包括课堂教学过程中所涉及的各个方面及教学效果等。教学考核评价长期存在于高校教育领域并经常开展，对师生的共同进步、马克思主义理论学科的发展以及推动教学改革具有重要意义。教学活动从开始到结束都会受到评价考核。

思想政治理论课教学考核评价体系的有效性，则是指教学考核评价活动对其预设目标的实现程度。有效性教学评价主要涉及对学生学业成就的评价与教师教学专业活动的评价，全面评价学生的综合素质和教师的教学绩效，以取得高校思想政治教育效果为宗旨。思想政治理论课有效性教学考核评价体系是根据思想政治理论课的课程标准、任务和基本原则，利用一定的评价技术和方法（手段），对教学过程及其效果给予教学价值与教学效益上的判断，为被评价者提供一个自我展示的平台和机会，鼓励被评价者展示自己的水平和成绩，并做出结论或资格证明。在很大程度上，它是检验教学效果及教学改革方向正确与否的重要手段，是检验思想政治理论课教学有效性程度的有力措施，也是有效教学的一个不可分割的重要组成部分，同时也是一种积极、有效的激励手段。

思想政治理论课教学有效性评价既包括教学设计方案的评价，也包括教学过程和教学效果的评价。教学设计方案的评价是对思想政治理论课教师所设计的教学方案进行全面的价值判断；教学过程和教学效果的评价是对教学设计方案实施过程及其有效性的评价。设计与实施是教学的不同环节，设计是实施的操作蓝

图，实施则是把蓝图变为现实的过程。教学设计的评价侧重对教学方案科学性、创新性、实用性、针对性和可操作性进行评估；而教学过程和教学效果的评价则侧重对学生自主学习与合作的探索过程和综合素质的发展做出评判。两者既不能截然分开，也不能相互代替，而是相互补充、相得益彰。什么样的教学才是有效的？有时教师讲得很多，但恰巧阻碍了学生的思考，阻碍了学生探索性与研究性学习的产生，实际上这种教学并不是有效教学。有效的教学应引导学生积极、主动地参与学习，因为知识是不能传递的，教师传递的只是信息，知识必须通过学生的主动建构才能获得。也就是说，学习是学习者自己的事情，谁也不能代替。因此，学生学习的有效性首先体现在学生是否积极主动地参与学习，以保证对知识的主动建构；教师教学的有效性首先体现在能否调动学生的学习积极性，促进学生对知识的主动建构的过程。如何评价思想政治理论课教学的有效性呢？

（一）确立有效性评价的基本原则

思想政治理论课教学考核评价体系内容十分广泛，评价对象可以是个体，也可以是集体。一句话，在教学过程中，对所有人与事都可以进行评价。但评价并不是盲目、随意的，也不是主观想象、朝夕万变的，而是要遵循下列基本原则，力求评价考评体系的科学性、针对性、系统性和权威性。

1. 主体性原则

思想政治理论课教学不同于其他各科的教学，更具有思想性和政治性。思想政治理论课理应注重培养学生树立正确的世界观和价值观，还须对学生进行政治引领，使其具有更高的政治素养和更坚定的政治立场。因此，它更强调学生在教学中的主体地位，评价的落脚点应放在有利于促进学生的发展上。还要注重学生学习方式的转变。当学生处于主体地位时，他们独立探索的可能性就越大，学习的欲望也就越强烈，则更有利于培养他们自身的创造精神，教学就越有针对性和有效性。因此，教学评价必须突出主体性原则，强调以人为本，以学生个性与全面发展为中心，让学生从被动接受性学习的评价逐步转向主动参与性学习的评价，必须把培养大学生放在教育教学评价的中心地位，自觉地将评价变成主动参与、自我反思、自我教育、自我发展的过程，从而使思想政治理论课教学真正成为培养学生创造性的"乐园"，让教学活动充分体现出学生是发现问题、探索问题、提出问题和解决问题的行为主体。

2. 发展性原则

有效性教学评价的关键，就是要求评价者用发展的眼光看待教与学的主体，以学生的进步与发展检测教与学的有效性程度。从总体上说，评价是指导教师大胆地创造适合学生的教育，也就是说，教学应当是教师主动地适应学生，而不是主宰学生。评价是为学生的进步与发展服务，而不是学生的发展为评价的需要服务。在教学过程中，教师必须注重全体学生创造力的发展，不能把目光只投向少数尖子生、专长生；要注重学生的全面发展，不能只突出一方面而偏废其他方面；还要注重全体发展和全面发展前提下的个性发展和自主发展。因此，有效性教学评价既要考虑全体学生表面上的活动情况，更要重视特长学生的个性发展状况，为学生的终身发展奠基。当然，评价也是为了促进教师自身的发展，有了教师的发展才能有学生的发展。

3. 创造性原则

激发创造情感是实施有效性教学的前提和基础，也是思想政治理论课有效性教学的内在要求。思想政治理论课教学的各个环节、各种手段和整个过程，都应该充分体现创造性思维，做到与时俱进，营造无时不创造、无事不创造、无人不创造的生动活泼的环境氛围，使学生在创造情感的支撑下，创新思维活动得以充分实现，创造才能和创新精神得以充分展示、外显。因此，有效性教学评价的主要原则是创造性原则。没有创造就没有发展，没有创新就没有教学，创新是有效性教学的灵魂。当然，主要原则并不等于唯一原则，评价标准应当多元化而且必须多层次化。因为单以"创造性"评价教学过程的有效性，就会引导教师单纯追求教学设计的创意，追求教学方法的新颖、教学媒体的特色而忽视教学过程的科学性和有效性。

4. 可操作性原则

可操作性是指将考核评价体系各个要素化为具体的目标或者操作程序并使

用可操作性语言加以解读。例如设计方案的科学性、有效性是教学设计的目标之一。科学性是抽象的、原则性的概念，不具有直接操作性，但它包含的指标很多，可以根据教学的实际情况，选择以下三项直接可测性的指标体现科学性：一是教学设计与施教方案的观点、目标、内容、方法是否正确；二是设计方案是否符合现代教育教学规律，教学过程是否优化有序，是否体现教与学的互动、合作、探究；三是设计方案与教学方法是否从学生的实际出发，具有可行性和针对性。总之，只有评价指标具有可操作性，评价才可能是科学、可行和有效的。一般来说，对大学生掌握马克思主义理论知识及其运用的教学评价指标应具有明晰性，可通过对考核指标体系的建立考查大学生对知识的掌握程度。而对马克思主义世界观是否已经建立起来，就要考查大学生是否相信马克思主义、是否热爱社会主义、是否具有积极向上的人生观和世界观，只能通过大学生的日常实践进行评价，如是否关注当前马克思主义理论及实践的发展，对党的领导地位及能力是否有正确的认识，是否积极要求入党，是否能正面看待社会主义的发展。

（二）构建思想政治理论课教学考核评价体系的有效策略

1. 构建多元化评价主体

教学活动是师生之间、学生之间互动与共同发展的过程，让他们参与教学考核评价活动是必然的，但由于学生和教师是教学活动的直接参与者，因此，在教学考核评价中不可避免地会带有一些主观性，教学考核评价参与者不能仅仅限于学生和教师。构建多元化的评价主体，从多个角度出发，才能使评价结果更公正、更全面、更有说服力和指导性。在思想政治理论课教学考核评价中，建立"学生—教师—同行—督导"的多元化评价主体，实行教学考核综合评价，是全面考核评价高校思想政治理论课教学的必然要求。

第一，学生评价是主要参考。学生是教学考核活动的主体，对学生来说要做好以下四方面：首先，要端正自己的评教态度，尽可能地对教学活动的开展和自己的学习情况进行客观、全面的评价；其次，要明确知道考核评价的目的是什么，学生只有明确教学考核评价是为了自身发展才能更加积极参与评教活动，提高评价效果，而不是随意评价；再次，要能够熟练使用各种考核评价方法，提升评教能力；最后，对考核评价过程中存在的问题要能够积极反映和提出相应的建议和意见。对学生来说，其考核评价的对象包括思想政治理论课教师、其他同学及自身。通过对学生的问卷调查、座谈等方式，可以比较客观地反映出教师的教育教学水平和能力，也能够了解教师在职业道德、个人品德、教学能力等方面的表现。针对上述情况，我们要培养学生的评价能力，提高学生评价素养，并且要对学生进行相关的培训。

第二，教师评价是重要导向。教师是教学活动的组织者和实施者，教师在教学过程中可以观察到学生的学习状态和知识接收度，这是判断教学活动是否有效的重要表现。而且教师有丰富的教学经验，有自我省察和反思的能力，对教学活动中的不足之处更加了解。思想政治理论课教师进行考核评价时，不仅要对自身的教学行为进行考查，还要衡量学生的学习情况。评价范畴包括教学过程和教学效果。思想政治理论课教师对自身课堂教学各方面进行评价时，主要落脚点在于自我改进，自我评价的内容主要是对评价标准的认知和课堂教学行为的反思。对学生的学习评价，主要评价学生的知识理解情况和价值观发展情况。

第三，同行教师评价是辅助。思想政治理论课具有较强的专业性和政治性，与其他学科的教学评价方法和标准不尽相同。而同行教师从事的专业相同或相近，他们拥有丰富的理论知识和教学技能，熟悉思想政治理论课课堂教学的各个环节和教学标准，也熟悉学生的成长规律。还有部分教师致力于本学科的前沿研究，对教学活动的安排是最清楚的，因此，也更了解教学过程是否科学。他们是本专业领域的专家，在评价活动中更是发挥着不可替代的作用，能够对思想政治教师提出宝贵意见，促进其专业能力的提升。一般来说，同行教师与思想政治理论课教师基本上是同一学院的教师，双方是同事，甚至有可能是朋友，这就要求同行教师拥有较高的考核评价素质，摒除人际关系干扰从而做出客观评价。此外，在考核评价中，同行教师大多拥有丰富的从教经验，辩证看待有好也有坏，好处在于其能够准确发现上课教师存在的问题，坏处在于会受到经验主义的束缚，对新的考核评价理念和标准的考虑不够。

第四，教学督导评价是补充，是思想政治理论课课堂教学考核评价主体的重要补充和参考。教学督导是从管理角度出发的评价主体，不会与教学评价结果产生利益相关，因此，其处于较为中立、公平的位置，考核评价结果也会相对客观一些。教学督导主要分为校外督导和校内督导。校外教学督导则可以分为同级高校的教学督导以及更高层级的教学督导（如省级或国家级）。校内校院两级的教学督导更加清楚地了解学校思想政治理论课课堂教学的实际情况，校外教学督导更加客观公正，二者各有优势。一般来说，教学督导的考核评价更加具有参考价值，但是覆盖面小，不能大范围地对思想政治理论课进行评价。无论是校内还是校外的教学督导，每个学期并不会大规模、多频次地对思想政治理论课教师的课堂教学展开听评课，听课次数有限，并未实现常态化听评课。但由于教学督导大多具有丰富的教学经验，在本专业具有较高的造诣，能够为教师的教学提出合理化建议，以提高教师的业务水平，更好地促进学校发展，教学督导是考核评价主体的重要补充。在我国部分高校督导还分为专职教学督导与兼职教学督导，其工作重心也有所不同，应该分工明确、职责划分清晰。专职教学督导一般人数较少，可以将重心放在新聘用、以往教学评价分数较低、学生反映问题较多的教师身上。兼职教学督导人数较专职教学督导人数多，其工作重心可以放在普通思想政治理论课教师和外聘教师身上。这样既分工明确又能避免重复评价，对各类思想政治理论课教师都能做到全面覆盖，这样可以达到优化思想政治理论课课堂教学评价的目的。

2. 健全多样灵活的评价方法

评价方式是评价理念的反映，单一的评价方式很难将思想政治理论课教学效果反映出来。高校思想政治理论课是大学生接受科学理论武装、熏陶优秀文化的过程，涉及教学内容、教学手段和学生的学习状态等多个方面。因此，必须实现多种评价方式的有效融合，为思想政治理论课课堂教学评价提供工具，才能客观、准确、全面地采集思想政治理论课课堂教学的质量数据。传统的考核评价活动经验主义色彩较为浓厚，大多采用"听课评课"的方式，从考核评价主体的经验出发，结合使用评价量表对课堂教学做出考核评价。随着高等教育的发展，我国课堂教学评价方式趋向多元化。

第一，终结性评价与过程性评价相统一。终结性评价是对一个学段、一个学科教学的教育质量的评价，其目的是对学生阶段性学习的质量做出结论性评价。

终结性评价是目前常用的教学评价模式，评价的方式多采用考试的形式，对学生的学习效果和教师的教学成效进行量化打分、分级。但这种固化的评价模式与素质教育的理念相悖，不能全面反映学生的学习能力及综合素质。久而久之，还可能挫伤学生学习的积极性，限制学生多样化、差异化发展的可能性，同时也限制了教师在教学活动中的积极性和创造性。教师的教和学生的学，都围绕分数进行，对社会主义的教育事业产生消极的影响。

形成性评价是相对传统的终结性评价而言的，对学生日常学习过程中的表现、所取得的成绩以及所反映出的情感、态度、策略等方面的发展做出的评价，是基于对学生学习全过程的持续观察、记录、反思而做出的发展性评价。其目的是激励学生学习，帮助学生有效调控自己的学习过程，使学生获得成就感，增强自信心，培养合作精神。形成性评价是一个持续性评价过程，评价的内容涵盖学生学习的方方面面，评价方式更加灵活，评价的结果也更加客观。形成性评价关注的是学生学习的整个过程，方便教师和学生在教学和学习过程中，随时做出调整。好的教学评价体系，既要关注结果，也要关注过程。

第二，质性评价与量化评价相结合。质性评价关注对质的评价，评价对象的性质或效果状况，使人一目了然，且操作简单易行，给出优、良、中的等级判断即可。主要是拥有丰富经验的专家或教师不采用数学的方法，通过观察分析对思想政治理论课课堂教学某些内容直接做出价值判断，比如直接评定等级或者打出分数。不难发现，定性评价虽然关注质的发展，尊重个性，但是也存在评价结果模糊、评价标准界限模糊、主观性较强等缺点。

量化评价方法简单来说就是用数值体现思想政治理论课课堂教学的各个方面，运用具体的数值对课堂教学进行描述和表现，能够使含糊的东西精确化、具体化，可信度增强，具有客观、标准、精确、简明等优点。但也存在不足，比如难以对学生的情感、态度、价值观等方面做出准确的判断和评价，在一定程度上忽视了学生的个性发展，标准单一，与多元智能评价的理念相悖，将复杂、抽象的内容通过数值简单地加以表现。传统的教学评价大多都采取定量评价，经常将教师教学的效果以量化的标准表述出来，诸如学生的成绩、学生的提问次数、现场气氛、学生课后作业完成情况等。再将评价分数分为若干档次，如优秀、良好、合格或不合格等，以此判断或使教师个体知晓自身教学水平在群体中的位置，进而使学校把握不同课程教师的整体教学水平。因此，这种教学评价方式有其存在的合理性，且因为量化而便于操作。定量分析和定性分析相结合，能合理地扬长避短，真正实现教学评价的价值目标。

第三，自我评价与他人评价相结合。一方面，传统的教学考核评价体系往往采用单方面的他人评价。教师对学生做出评价或其他评价主体对教师进行单方面评价，但学生对自身的观察也是不容忽视的。除了学生对自身的观察评价，还可以采用小组评分的方式对其进行考核评价。另一方面，对思想政治理论课教师的评价以往更多采用的是单方面的他人评价，对教师进行评价的主体包括学生、同行教师及教学督导，但是对思想政治理论课教师自身的评价使用较少。高校思想政治理论课教师大多是拥有较高考核评价能力和素质的，其对自身教学的剖析也可以作为一个重要补充。

所以，对考核评价方法来说要做到两点：一方面，我们要积极创新；另一方面，我们要将各类方法进行有效的结合。此外，还存在某些创新的方式方法，虽然创新度高，但不贴合实际无法有效解决实际问题的现象。所以，在创新相关评价方式方法时必须充分考虑思想政治理论课课堂教学的特点，还要兼顾不同评价主体的特性，让评价方法能更好地为评价主体所用。当然，这并不是全盘否定以往的评价方式方法，而是在满足评价合理性的基础上起到一定的促进作用。

3. 完善评价标准的制定

评价标准是衡量评价对象是否达到评价指标要求的尺度。对高校思想政治理论课课堂教学来说，要衡量的不只是知识，还包括素质、教学规范，以及情感、态度和价值观等。通过做问卷调查我们了解到，现在高校思想政治理论课课堂教学的考核评价标准一般由上级管理部门或专家进行制定，思想政治理论课教师和学生虽然是课堂教学的重要参与者，在制定评价标准时却未充分考虑思想政治理论课教师和学生的意见与想法，往往采用的是"自上而下"的制定模式。要完善评价标准应该使用"自上而下"和"自下而上"相结合的方法，这样既能体现管理者的要求，又能兼顾被考核评价者的意愿和想法。

4. 优化评价指标体系

评价指标在高校思想政治理论课教学评价中具有重要意义，它是评价高校思想政治教育活动的逻辑前提，不同教学考核评价指标的差异最终会导致评价活动出现差异。高校思想政治理论课考核评价主要依靠评价指标做出价值判断。评价指标是衡量高校思想政治教育实效的标尺，也是高校思想政治教育质量提升和优化的基础。因此，要想让思想政治理论课教学考核评价体系发挥有效作用，就必须优化评价指标体系。科学合理的评价指标应坚持可测性、完备性、互斥性、简明性等原则。

（1）可测性

一般来说，具体定量的指标便于测量，抽象定性的指标难以测量。思想政治理论课课堂教学考核评价就涉及部分抽象的指标，但并不是说它抽象我们就无法测量，事实上，抽象的目标可以通过层层分解最终以具体可测的指标呈现出来。一般在思想政治理论课的课堂教学考核评价指标体系中，一级指标相对抽象，而后逐级进行分解细化，最后就会变得越来越具体，末级指标最具体。

（2）完备性

在对高校思想政治理论课课堂教学进行考核评价指标体系设计时，要能够覆盖课堂教学的每一个要素，要能够展现课堂教学的整体过程，还要能够反映课堂教学质量。此外，对学生的反馈和需求要有所体现。上一级指标与其下一级指标必须相互对应，且下一级指标对上一级指标进行分解细化时不能够有所遗漏或偏差，否则会影响考核评价结果的真实性和权威性。

（3）互斥性

考核评价指标体系中的各指标应该相互独立、相互排斥，不交叉重叠。设计平行的同一级的指标时，不能有同一关系、交叉关系、因果关系、矛盾关系，必须是并列关系。如果同级指标之间存在交叉关系或同一关系，会导致评价要么出现"空白区"，要么出现"交叉重叠区"；如果同级指标具有因果关系或者矛盾关系，会导致人们思维混乱，考核评价工作难以开展。所以，同一层级的互斥性和上下层级的同质性保证了思想政治理论课课堂教学考核评价指标体系的科学完备。

（4）简明性

作为一种考核评价的工具，该考核评价体系设计时必须考虑使用者是否容易操作。各项指标的内涵要清晰明了，指标层级要合理清晰，指标的概括表达要精炼明确，定量的指标要方便计量，定性的指标要精练准确。太过复杂烦琐的考核评价指标体系让人望而生畏，简洁明了、便于操作且实用性强的考核评价指标体系才能保障考核评价工作的科学开展。

5.充分运用考核评价结果

评价的最终目的不在于对被评价对象进行打分排名，而是要从教与学的各方面提高教学效果。倘若没有反馈环节，那么考核评价获得的信息则是不全面的，会影响考核评价作用的发挥，不利于提高评价活动的实效性。教学考核评价结果是管理考核的重要依据，为下一步教学工作的改进指明方向。

从教育学强化学习理论来说，及时的结果反馈对思想政治理论课教师和学生来说会形成较强的刺激，反馈滞后的时间越长效果越不明显，这需要学校教学管理部门的有效配合。评价结果是反馈信息的桥梁，我们要重视教学考核结果，还要明确其用途和适用范围。最后，将考核评价结果反馈到学生和教师所在学院，便于相关学院对今后的课堂教学工作提供决策与指导。在进行结果反馈时，针对不同考核评价主体的特点，我们要灵活采取不同的方式方法。学生对教师的评价可以采取集中反馈的方式，通过网络评价后统一由教务部门进行统计后再反馈给思想政治理论课教师。对同行教师和教学督导来说就可以采取课后及时沟通反馈，并且提出建设性意见的方式来进行反馈沟通。同行教师之间每个学期还可以定时召开课堂教学研讨交流会，交流各自的经验，提出意见。对评价结果良好的思想政治理论课教师可以组织其进行交流研讨会，分享经验。对评价结果不理想的教师，要帮助其找到问题所在，制订相应的改进计划。除此之外，要收集在开展教学评价中存在的问题，针对评价中存在的问题加以整改，从而让思想政治理论课课堂教学评价工作得到进一步完善，真正发挥教学评价活动的作用。

第二节 思想政治理论课教学考核评价体系构建改革创新

一、创新教学考核评价理念

评价理念是教学考核评价体系的重要组成部分，传统评价理念对评估和衡量新时代高校思想政治理论课的实际效果是有局限性的。我们要坚持教学考核评价理念的与时俱进和不断创新，坚持评价内容、指标和方法的创新，才能更好地保证考核评价工作的科学性和有效性，促进高校思想政治理论课教学的发展和完善。

（一）树立"学生本位"的评价理念

学生是课堂教学的主体，在思想政治理论课教学考核评价中，不论考评对象是教师还是学生，最终都是为了落实立德树人根本任务。在现今的思想政治理论课课堂中，"以学生为中心"的课堂教学模式被广泛运用，因此，在教学考核评价中也应从学生发展的角度出发，为学生的全面发展服务，以学生的学习效果为核心。而教师是知识的传播者、讲解者和学生学习的引导者。然而，以往的考核评价体系中，考核评价的焦点大多在教师上，评价教师怎么教。因此，要明确教学评价的重点，注重看学生怎么学、学的程度如何。

所以，要树立以学生为中心的评价理念，凸显评价人的发展性。这种评价理念更加注重教学过程中学生主体地位的体现和主体作用的发挥，把学生放在思想政治理论课教学考核评价过程中的重要位置。主要指以下五个方面：第一，落实学生的评价主体地位，提高学生对考评工作的重要性认识，而不仅仅是形式上让其参与；第二，把为学生服务作为构建思想政治理论课教学考核评价的落脚点，始终明确考核活动的最终目的是为学生服务，学生方面，也应让其意识到学习思想政治理论知识的最终目的不是考试，而是通过获得科学的世界观和方法论，养成正确的情感、态度、价值观，促进自身的发展；第三，在构建考核评价指标体系时要以学生为中心，改变以往考核评价指标设置过分偏重对思想政治理论课教师课堂教学行为的评价，指标设置也要涉及学生的学习行为、学习状态等方面；第四，要根据学生普遍的实际情况设置学生使用的思想政治理论课教学考核评价表，便于学生理解；第五，关注学生考核评价素质的培养。学生既是教学活动的参与者又是评价者，不可避免地会带有主观色彩和感情色彩。学生进行客观且科学合理的教学评价是需要一定能力的，目前，高校倡导学生提高参与评教活动的积极性，但部分学生缺乏有效评教的能力，因此，要关注学生评教能力的培养。

（二）树立"系统性"教学质量理念

教学质量是教育的生命线，科学意义上的教学质量是指教育水平的高低和效果优劣的程度，最终体现在培养对象的质量上。在高等教育阶段，学生的立身之本就是立德树人。应该树立全面发展的教学质量观，让学生在知、情、意、行四个方面协调发展。社会对高等教育的功能、质量在不同历史时期有着不同的要求，这就导致了不同时代高等教育质量观的不同。教学质量观对人才的培养具有重要作用。传统的高等教育质量观依然是唯分数论，主要把分数、学科知识的获得作为主要评价标准。但是高等教育办学的最终目的并不是为了让学生获得好成绩或者高分数，而是培养出德才兼备的高素质人才，要想达到《中国教育现代化2035》中提到的教育现代化的目标，就必须完善教育质量标准体系。这就要求我们必须树立新的教育质量观，这是事关人才培养的关键。

思想政治理论课教学不应只是进行理论知识的传授，应该将知识传授和价值引领结合起来。大学生是未来国家发展和社会主义建设的践行者，这就意味着他们要具备更高的政治素养和更坚定的政治立场。在个人发展的角度，他们也应该自由而全面地发展。这就要求我们在进行教学考核评价时，不要仅限于关注知识目标是否实现，还要多角度地去考察什么样的课堂教学是高质量、有效率的。科学的教学考核评价质量观会遵循教学规律，对评价对象做出合理的价值判断。始终明确教学质量观对教学考核评价的重要意义。对思想政治理论课的教师和学生来说，高校思想政治理论课的评价将直接影响二者的发展，影响是双向的。一般来说，良好的思想政治教育课堂教学评价将通过开展相关的评价活动，规范思想政治教育教师的教学过程，使其达到相关的标准和要求，这可以进一步提高思想政治理论课课堂的教学质量。基于高校思想政治理论课的教学实践，学生应掌握马克思主义理论、道德伦理规范以及法律知识等。学生可以在课上学习相关理论知识，形成自己的情感、态度和价值观，并且提高实践能力和解决问题的能力。反之，片面的教育质量观则不利于师生的发展。要对思想政治教育课堂教学做出全面、科学、合理的价值判断，就要从多方面、多角度观察评价，不可仅仅局限于学生的分数高低或教师获得的评教分数，分数的高低与教学质量的高低并不完全等同。

（三）树立"发展性"教学评价理念

发展性评价是指促进学生发展、教师提高与改进教学实践的评价。但发展性评价并不能直接导致学生的发展，而是必须以教学为中介。传统的评价理念无法改进教学和促进学生发展，在发展性教学评价理念中，评价是手段，发展是目的，其根本出发点是促进学生的素质发展与终身发展。除此之外，树立发展性评价理念才能使以评促教、以评促改成为现实。

要树立发展性评价理念，必须对其有清晰明确的认知。当前在思想政治理论课考核评价领域，许多人把发展性评价理念与素质教育评价理念相混淆，但发展性考核评价理念不像素质教育评价理念那样发挥导向性作用，而更像一把"戒尺"，鞭策督促师生双方不断进步，使思想政治理论课课堂教学质量不断提高。所以，树立发展性评价理念要求我们不但要重视对课堂教学过程的评价，更要侧重对教学效果的评价，评价后还要充分利用评价结果，达到发展的目的。传统的评价理念更多地将评价作为选拔手段，而发展性评价理念则更侧重促进被评价对象的发展。我们要认识到教学考核评价对思想政治理论课课堂教学的各个方面、各个对象先做出价值判断是第一步的工作，这是思想政治理论课课堂教学发展的依据和基础。发展性评价理念结合起来促进考核评价活动重心的转变，从以往的重视学生、教师以及教学情况的等级划分转变为重视三者的发展，由原来的重视管理转变为现在的促进发展转变。通过发展性评价激发思想政治理论课教师教学热情和潜能，激发思想政治理论课教师的主体意识和创造性，全面提升其政治素质、业务素质和师德师风建设。发展性评价理念除了要求我们转变对考核评价目的的认识，还要求我们要掌握一些发展性的评价方法与手段。最后对思想政治理论课课堂教学考核评价的结果要及时进行反馈，为下一步课堂教学的改进和完善提供决策基础。参与思想政治理论课教学各考核评价的主体来说，应该摒弃落后陈旧的评价理念。

（四）树立"协调性"考核评价理念

高校思想政治理论课教学考核评价工作需要多个考核评价主体共同协作才能有效完成。由于涉及多个部门工作的开展并且要使用多种考核评价方法，可能就会涉及工作协调分配的问题。只有树立协调性的评价理念，才能实现教学考核评价体系良好运行。

一是协调评价主体的关系。高校思想政治理论课的教学考核评价需要有多个主体共同参与，由于各个主体的利益需求和评价能力存在一定的差异，所以，各评价主体必须树立协调的考核评价理念，协调好各方的关系，分工明确，各司其职。从多元全面的角度对思想政治理论课教学进行考评，确保评价结果真实客观。除了各评价主体之间的协调，还要注意评价主客体之间的协调，双方要相互配合，以保证考核评价工作科学有序地开展。

二是协调考核评价对象。高校思想政治理论课教学考核评价主要针对教师和学生两方面进行，教师和学生也应树立协调的考核评价理念，自觉配合考核评价工作的开展，主观上认同考核评价活动。考评对象积极配合并支持教学考核评价工作，有利于顺利开展教学考核评价工作；反之，则会起到阻碍作用。

三是协调评价方法。我们应该注意各种评价手段、方法之间的相互协调与融合。我们要熟悉各种评价方法的优点及其局限性，适当地利用其他的评价方法进行补充和完善，但不是简单生硬的结合和拼凑，要对其进行充分考量与选择。

四是协调各个部门。除了需要协调多个考核评价主体之外，对思想政治理论课进行考核评价的校院两级的部门之间也应该互相协同，推动考评工作开展。各部门必须树立协调性的评价理念，不相互推诿，要自觉承担责任，相互配合才能使高校思想政治理论课课堂教学的考核评价工作有序高效地开展。此外，各部门之间还须保持积极的协调与沟通，保证工作方向目标一致，促进思想政治理论课课堂教学质量的提高，保障思想政治理论课教学的实效性。

二、建立与考核评价相关的反馈、激励、退出等机制

考核评价是手段，使用结果才是最终目的。对高校思想政治理论课教学进行的考核评价并不是为了评价而评价，最终目的是通过考核评价发现思想政治理论课教学过程和教学效果方面的问题，并及时采取措施解决问题，从而促进思想政治理论课教学的持久发展。所以，要充分分析、利用考核评价的结果，建立与考核评价相关的反馈、激励、培训与退出等机制，提升思想政治理论课教师的综合素质，促进他们的专业化发展。

（一）建立考核评价反馈机制

高质量的反馈不仅要提出全面、及时和针对性强的意见，还应真实地体现出经过指导能得到的最优成绩。因此，建议设立考评结果公示期（3～5天），思想政治理论课教师可以在公示期内就考评结果提出异议，考核评价组织机构及时查证并予以解释。另外，建议在公示期后设立30天的反馈期，考核评价组织机构可以利用这段时间进行充分的双向交流，就考核评价机制存在的问题进行协商，以建设一支高素质专业化的思想政治理论课教师队伍为目的，进一步完善考核评价机制。

（二）建立相应的激励机制

对教师来说，在对思想政治理论课教师进行考核评价后，要将考核评价的结果作为教师的职称评聘、职级晋升、工资津贴的依据。考评结果与职称评聘挂钩，比如初级职称教师至少要连续2～3年考核保持优良的才可以晋升中级职称，中级职称教师要连续3年以上考核保持优良才可以晋升到副高等职称。考评结果与职级晋升、工资待遇挂钩，健全和完善教师晋级增薪机制，思想政治理论课教师考核连续保持规定年限的优良，就可以晋升到相应的职级，就可以拿

到相应级别的工资待遇等。一方面，考核评价的结果与教师的职称评聘、职级晋升、工资津贴相挂钩，有利于充分调动思想政治理论课教师的工作积极性，将他们的精力引导到课堂教学及相关研究上；另一方面，对学生来说，将教学考核评价结果与学生的学分相联系，与申请入党相联系，可以充分调动学生的学习积极性。

（三）建立相应的培训机制

除规定的反馈考核结果、开展提醒谈话之外，考核组可针对在考核中发现思想政治理论课教师在理论知识、教学能力、科研水平等方面存在的普遍问题，提出与思想政治理论课教师培训方面相关的意见与建议。教师培训，学校是第一责任人。学校要建立思想政治理论课教师培训制度，做好培训规划，规定年度培训学时数、主要内容及方式途径等，并在课时安排和经费保障等方面合理安排，实施培训全员化、定期化。应当积极拓展培训方式方法和途径。如到重点马克思主义学院访学、帮教帮研、助教助研、挂职锻炼等，也可以通过国家认定的网络培训平台进行学习培训，还可以到国家级、省市级、校级社会实践基地参加培训等。

（四）建立教师退出机制

加强思想政治理论课教师队伍建设不但要把好入口关，也要疏通出口关，对严重不符合任职要求的个别教师，应采取进修、转岗、辞退等方式促进队伍素质不断提升，对违反课堂讲授政治纪律的，违反师德师风的，课堂教学质量较差、经过二次警告并参加为期半年培训仍然较差的思想政治理论课教师，应当予以转岗或清退。

（五）建立健全其他相关制度

1. 建立健全评价制度

以往我们仅仅是从完成评价的次数和是否完成评价两个方面对思想政治理论课课堂教学评价活动开展情况进行评价，对更深层次的评价方法的选用、考核评价指标的确定及权重计算是否科学合理、评价指标体系的建立、评价结果的真实客观性、考核评价主体工作的开展情况、考核评价主体所占比重等较少涉及，评价制度未能做到制度化和常态化。所以，建立健全评价制度对考核评价活动的规范化开展以及该体系的建立健全发挥着重要的保障作用。

2. 建立健全评价结果申诉、监督制度

在高校思想政治理论课课堂教学考核评价中我们可以借鉴《中华人民共和国教育法》和《中华人民共和国教师法》中的申述制度。对思想政治理论课课堂教学考核评价客体——教师来说，为保障其相关利益必须建立健全合理的结果申诉、监督制度。申诉制度的建立健全能够有效保障被考核评价对象的利益，也能搭建上下有效沟通的"桥梁"。思想政治理论课教师对考核评价结果有异议的可以及时通过相关渠道向有关部门反映或提出申诉，相关部门对个人考核评价情况进行核实并对申诉人进行反馈说明，如果的确存在不合理现象，那么可以根据相关流程开展工作。建立申诉制度能够有效弥补考核评价活动主观性强、随意性大的缺点，能够使考核评价对象的合理权益得到应有的保护和保障。

监督制度的建立其实可以看作一种权力对考核评价的有力规范和要求。监督是规范化运行和保障考核评价活动有效开展的基础，主要对高校思想政治理论课课堂教学考核评价的整个流程及其结果进行监督审核以及评价。可以采取自上而下的监督与自下而上的监督相结合、内部监督与外部监督相结合的模式，使该领域的监督制度尽快建立和不断完善。

3. 建立健全评价结果公示、问责制度

实行公示制度有可能导致对师生个人隐私的侵犯，所以，公示机构必须提前进行沟通，了解其思想变化，在维护其相关权益的基础上，进行公示。公示制度体现了平等和民主的精神。为了更好地将这种观点体现出来，采用公示形式，进而维护高校师生的合法权益，促进高校思想政治理论课课堂教学的顺利开展。该评价体系并不是保持不变的，会随着社会的需求和制度的完善而进行调整和改进。同时，高校对评价的结果也比较关注，在评价过程中就可以分析其手段是否科学、公平。在此情况下，就可以为各个评价主体建立良好的沟通、相互质证

的环境，摆脱了高校管理评价体系的束缚，并且对权力形成了约束和控制，这样就有利于提高评价决策的透明度和公开度，继而得到社会群体的广泛支持和认同。

不断健全并完善高校思想政治理论课评价问责制度，需要从不同的角度做出改进。首先，应该明确划分各个组织机构的职责和权限，提高其办事效率，充分调动工作人员工作的积极性和主动性，在参与评价工作时，能够坚持使用高校的公示机制，维护良好的校园秩序，针对违规行为或不作为进行严厉的惩处；其次，评价问责机制主要是对利益受害者进行弥补，高校思想政治理论课评价与学生、教师的权益息息相关，同时，还会影响学生和教师未来的生活、工作等，有些评价失误可能会给教师和学生的整体发展带来不利影响。

第三节　新时代高校思想政治理论课师资队伍建设与培养

一、新时代思想政治理论课教师队伍建设的必要性及重要性

（一）加强思想政治理论课教师队伍建设的必要性

高校是培育新时代中国特色社会主义事业合格建设者和可靠接班人的重要场所。因此，必须进行思想政治理论课教师队伍建设，不断提高教师自身的本领，更好地完成思想政治培育工作，给学生心灵埋下真善美的种子，塑造一批又一批合格的时代新人。

1.时代进步要求加强思想政治理论课教师队伍建设

改革开放40多年来，国家取得一系列历史性成就，也发生了一系列历史性变革。尤其是进入新时代，国家的主要矛盾发生变化，在立足全面建成小康社会的基础上，提出分两步实现21世纪中叶全面建成社会主义现代化强国、实现第二个百年奋斗目标。要实现中华民族近代以来最伟大的梦想，必须不断培育出德

智体美劳全面发展的、具有良好素质的社会主义事业的建设者和接班人。为此，必须加强高校的专业知识教育与思想政治理论培育，其中，高校师资队伍本身的塑造和建设显得尤为重要。因此，高校在全力推进思想政治理论课改革创新的过程中，必须不断优化思想政治理论课教师队伍结构，贯彻党的教育方针，坚持以马克思主义为指导，加强学习，重点提升思想政治教师思想政治理论素养，回应中国特色社会主义新时代的诉求。

2. 教育改革深化要求加强思想政治理论课教师队伍建设

随着我国教育改革深化，高校也出现了一系列变化。比如办学规模不断扩大，不仅校园面积越来越大，学生数量越来越多，而且科、系越发庞杂，这就要求各高校必须明确自身优势，科学分配教学资源，充分满足学生的发展需求。

教师承担着传播知识、传播思想、传播真理的历史使命，肩负着塑造灵魂、塑造生命、塑造人的时代重任，是教育发展的第一资源。面对社会上各种思想积聚对大学生的诸多影响，高校教师队伍必须进行自身建设。如果缺乏政治敏锐性和政治甄别力，思想政治理论课教师就难以在政治立场和原则问题上给予学生的正确的引导，那么高校思想政治教育的方向也会出现偏差。因此，必须加强高校思想政治理论课教师队伍建设，保证思想政治理论课教师能够从容面对各种思想碰撞，以及不同文明之间的交流对话，从而提升思想政治理论课的教学效果。

3. 立德树人根本任务要求加强思想政治理论课教师队伍建设

我们党和国家的基本教育方针是：坚持教育为社会主义现代化建设服务、为人民服务，把立德树人作为教育的根本任务，培养德智体美劳全面发展的社会主义建设者和接班人。这是首次把立德树人作为教育的根本任务写入教育方针之中，具有十分深远的指导与引领意义。

教师群体广大，而思想政治理论课教师因为肩负着教育教学的重要任务而具有非常特殊的重要地位和作用。一方面，与专业课教师一样，思想政治理论课教师也承担着专业知识的教育和培育。作为人类灵魂工程师，教师必须以人格魅力引导学生心灵，以学术造诣开启学生的智慧之门；传播知识、传播思想、传播真理；塑造灵魂、塑造生命、塑造人以及帮助学生形成正确的世界观、人生观、价值观，提高道德修养和精神境界，养成科学思维习惯，促进身心和人格健康发展。另一方面，思想政治理论课教师又与普通教师有所不同。思想政治理论课不仅传授专业知识，还肩负系统宣传、阐释、传播马克思主义理论的使命，是对广大学生进行思想政治教育的主渠道。充分发挥思想政治理论课的作用，让学生在马克思主义理论的指引下，接受系统的思想教育，对培养担当民族复兴大任的时代新人，落实立德树人根本任务，保证党和国家事业的长远发展具有重要意义。因此，必须有高素质的教师队伍来支撑和保障，才能更好地发挥思想政治理论课的作用。

（二）思想政治理论课教师队伍建设的重要性

1.承担培育合格社会主义事业接班人的重要任务

高校思想政治工作关系高校培养什么样的人、如何培养人及为谁培养人的根本问题，把思想政治工作贯穿教育教学全过程，实现全程育人、全方位育人。立志不定，终不济事。要成为社会主义建设者和接班人，必须树立正确的世界观、人生观、价值观，把实现个人价值同党和国家前途命运紧紧联系在一起。

当今国内外形势复杂多变，不确定性、不稳定性因素增多，高校学生很容易受到各种社会思潮碰撞的影响。尽管学生从小的生活环境、家庭教育也会对其思想的形成发展产生影响，但大学阶段是学生世界观、人生观、价值观形成的关键时期。而思想政治理论课教师作为马克思主义的传播者，是贯彻党和国家方针政策的中坚力量，是矫正学生思想的关键力量。复杂多变的新形势对思想政治理论课教师提出了更高的要求，不仅是讲授理论知识、提升课堂效果的要求，更要真的打动学生，让正确的观念进入学生的头脑和心灵。因此，加强和改进高校思想政治理论课教师队伍建设，不断提升思想政治理论课教师队伍的专业水平，是应对当下复杂多变的国内外形势，为党和国家培养又红又专的社会主义事业接班人不可忽视的重要任务。

2.提升思想政治理论课教育教学效果的重要力量

教育大计，教师为本。教师是学生智力的开发者和个性的塑造者，是学生成长成才的引路人。思想政治理论课教师是上好思想政治理论课的关键，是马克思主义理论和党的路线、方针、政策的宣讲者，社会主义意识和精神文明的传播者，大学生健康成长的指导者和引路人。我国思想政治理论课建设之所以取得显著成效离不开有道德、有水平、有信仰的教师队伍不断为思想政治理论课建设提供智力支撑。要不断鼓励、激发思想政治理论课教师进行教学方法的探索与创新，不断深入开展包括科研领域、教学领域的培训和进修，提升专业素养，从而进一步为提升思想政治理论课的教学水平提供支持。

二、实现新时代思想政治理论课教师素质的"六个要求"

（一）政治站位要强

让有信仰的人讲信仰，善于从政治上看问题，在大是大非面前保持政治清醒。教师是指引学生向着正确航向前进的灯塔，是给学生播撒真善美种子的园丁，是引导学生扣好人生第一粒扣子的启蒙者。因此，教师的政治觉悟一定要强，尤其是思想政治理论课教师。

一方面，思想政治理论课教师必须坚定马克思主义立场。中国共产党是马克思主义政党，建党之初即明确将马克思主义作为指导思想来武装全党指导实践。在革命、建设、改革时期，马克思主义者将毕生的心血倾注于革命和社会主义建设，并取得了重大成果。因此，思想政治理论课教师应当科学理解马克思主义的内涵，准确把握其思想、方法，将理论与实践有机结合。在教书育人的过程中，使学生能够认识到马克思主义的科学性与实践性，不断提高自身的认识水平，促使知识向纵深方向发展。

另一方面，思想政治理论课教师必须坚定人民立场。自新文化运动高举民主科学的伟大旗帜，到马克思主义传入中国，再到中国共产党成立，乃至中国近现代革命、建设、改革的全过程，革命先驱运用马克思主义科学理论启迪民智、激发思潮，形成全新的意识，均是为人民大众服务的。而思想政治理论课教师不仅有着一般教师的教学任务，更身兼政治任务，一定要坚定理想信念，善于明辨是非，善于决断选择，加强辨析引导。

（二）情怀要深

第二，情怀要深，保持家国情怀，心里装着国家和民族，在党和人民的伟大实践中关注时代、关注社会，汲取养分、丰富思想。高校思想政治教育是铸魂育人的工作，人文关怀是思想政治教育事业发展的内在动力，这决定了高校思想政治理论课教师必须做到"情怀要深"。

首先，家国情怀。"家是最小国，国是千万家。"中华民族和中国人民向来重视家庭、家教和家风，更加明白家庭的前途命运和国家、民族的前途命运紧密相连。中国人必然将爱国放在第一位，如今，蓝图已经绘就，在中国向着第二个百年奋斗目标挺进的时间节点上，家国情怀也被赋予了全新的时代内涵，即中华民族伟大复兴的中国梦。高校思想政治理论课教师作为弘扬爱国主义的传播者、民族复兴梦想的助力人、社会主义核心价值观的践行者，必须时刻将国家和民族装在心中，在实现中华民族伟大复兴的新征程中涵养家国情怀。只有高校思想政治理论课教师将爱国、爱党、爱社会主义扎根内心，才能迸发出源源不断的力量，从而情真意切地感染学生，为实现民族复兴梦想凝结磅礴的力量。

其次，传道情怀。"师者，所以传道受业解惑也。"高校思想政治理论课教师要有传道情怀，对思想政治理论课教育教学要有执着的追求。这就要求高校思想政治理论课教师要有深厚的马克思主义理论学识，并且做到真学、真懂、真信和真用。充分发扬传道精神，在教学中守正创新，做青年大学生的领路人。一方面，守正要求思想政治理论课教师要坚定理想信念，坚持马克思主义的立场、观点和方法，将知识教授于学生的头脑和心灵；另一方面，创新要求在守正的基础之上进行发展，不仅要随着社会的发展与进步刷新知识内容，也要在教学方法、手段等方面进行革新，从而改变思想政治理论课课堂过去枯燥的灌输式讲授方法，利用网络、新媒体等新兴教学设备提升思想政治理论课的吸引力和实效性。总之，高校思想政治理论课教师必须正确处理守正和创新的关系，坚定自身的传道情怀。

最后，仁爱情怀。为人师者，当为仁爱之师。好教师应该是仁师，没有爱心的人不可能成为好教师。学生在学习专业知识的同时会接触到全国各地的同龄人，参与各种社团活动，提升学识的同时也锻炼了为人处世的能力。而如此庞大的育人系统，学生学习生活的地方，必然需要各部门团结协作，才能保证学校平稳有序地运行。而作为高校教师，尤其是思想政治理论课教师，不仅需要讲好课，让学生在课堂中有所收获，更要联系其他课程，充分发挥课程思想政治的效用，使得整个校园营造出和谐友爱的美好环境。

（三）思维要新

面对世界的变化与日益复杂的国际局势，思想政治理论课教师有责任让学生能够更好地理解世界的变化，必须做到思维创新。

一方面，思想政治理论课教师要有高度的政治敏锐性，面对世界的变化，例如全球经济重心从西方向东方转移，再如发展中国家群体性崛起等一系列变化，思想政治理论课教师必须在课堂中及时、正确地将这些新变化传递给学生。

另一方面，国内改革已进入深水区，形势比较复杂。思想政治理论课教师在传颂好新时代新精神，鼓励学生保持信心的同时，也需要让学生了解到：我国的优势和不足究竟在哪里；在实现中华民族伟大复兴的中国梦这一新征程中，我们将面临怎样的机遇与挑战。事实上，自改革开放以来，我国在许多领域都取得了长足的进步，这使得中国人民实现了从站起来、富起来到强起来的伟大飞跃。与此同时，在一些先进核心技术依旧被发达国家所垄断，这也掣肘了我国高精尖科技的发展速度。中国人民靠着不屈不挠、精益求精的努力和奋斗精神，努力拼搏、攻克难关，一条巨龙正在以前所未有的姿态傲然屹立于世界的东方。

（四）视野要广

思想政治理论课教师要做到有知识视野、国际视野、历史视野，通过生动、深入、具体的纵横比较，把一些道理清晰明了地传授给学生，使之受益。

首先，知识视野。马克思主义理论学科是社会科学与自然科学融汇形成的交叉学科，要求从事马克思主义理论教育的工作者必须有一定的知识储备，不囿于某单一学科，要触类旁通，拥有复合而宽广的知识结构。教师有义务将自身所具备的知识剖析揉碎，深入浅出地传授给学生，同时，也能在教学和科研过程中不断提升马克思主义理论专业知识积累，进一步扎实知识功底。

其次，国际视野。要想将思想政治理论课讲好，不仅要重视拓宽知识视野，同时，国际视野也至关重要。要通过把社会主义国家与资本主义国家进行对比研究，从而深刻揭示出社会主义制度的优越性、核心价值观以及制度运行机制等。教师不仅要全面关注中国发展过程中所出现的一系列新变化、新局面和新形势，同时，要通过国际眼光将生产资料公有制的社会主义与私有制的资本主义进行横向对比，更好地明晰西方资本主义价值观以及其三权分立、代议制等资本主义政治制度的问题，提升学生的分析能力，从而坚定中国特色社会主义道路自信、理论自信、制度自信、文化自信。

最后，历史视野。中国有着悠久的历史，这些历史留给当代中国人的虽然也有传统时期的糟粕和近代的落后局面，但更多的是源远流长、博大精深、至今沿用的中华优秀传统文化。再结合革命文化和社会主义先进文化，使得新时代中国人有能力也有信心将中华文化弘扬至世界。不仅如此，还要走出国门，充分认识和了解社会主义发展史、国际社会主义运动史，明确马克思主义是历史的也是现实的。作为高校思想政治理论课教师，有义务将历史视野带进课堂，让学生了解早年社会主义发展的艰难险阻。

（五）自律要严

自律是每一位思想政治理论课教师都应具备的基本素质，不仅是教师职业道德的体现，同时，也是思想政治理论课的内在要求。

第一，学高为师，身正为范。教师应当做到言传身教，其中身教大于言传，而高校思想政治理论课教师更应该做到模范带头，这样才能使青年学子"亲其师，信其道"。学高指在高校思想政治理论课教师要扎实学术功底、提升科研能力、增强教学水平，这是对一名合格的思想政治理论课教师的必然要求。同时，要发挥好思想政治理论课的政治属性，将马克思主义及其中国化进程中形成的理论成果结合学生的身心特点和思想基础进行传达。身正是对教师的道德要求，而思想政治理论课的特殊使命更是要求思想政治理论课教师有较高尚的良知和道德情操。因此，高校思想政治理论课教师必须将学高与身正相统一。

第二，表里如一。任何职业的人都应该具备表里如一的品质，按照中华民族传统文化看，国人向来鄙夷两面三刀、表里不一之人。而思想政治理论课教师更应该将表里如一作为自律的重要一环。思想政治理论课教师作为理想信念的守正者，其世界观、人生观、价值观和政治方向等所有思想都具有严格的教育力量。因此，思想政治理论课教师必须做到在日常的教学和生活中表现出较高的思想道德素质和科学文化素养，承担起教学、政治、道德等多重属性的责任，使自己的一言一行和内心世界都符合作为一名马克思主义者和思想政治工作者的要求，绝不做"双面人"。

第三，言行一致。"听其言，观其行"，识别一个人的品质不仅要听他说什么，更要看他怎么做。言行一致是中华民族的传统美德，也是马克思主义理论的内在要求，更是每一位高校思想政治理论课教师的行为准则。一位教师具有言行一致的品格更有利于在学生心中树立良好的形象，也更容易收获学生的尊重和喜爱。与言传身教相似，思想政治理论课教师只有将自己在课堂中宣扬和传颂的精神扎根内心，并作为自身的行为规范，才能使课堂中弘扬主旋律、传递正能量的话语铿锵有力。不仅如此，这些话语更能激发学生的爱国情怀，促使年轻人培育和践行社会主义核心价值观，成为社会主义事业的建设者和可靠接班人。

（六）人格要端正

教育的根本任务是立德树人，而思想政治理论课不仅传播知识，更是一门灵魂课程，修的不仅仅是学分，更多的是心灵的启迪和净化。要做到铸魂育人，培养当代大学生的政治素质、道德品质和人格意志，需要思想政治理论课教师自身人格端正。我们不能低估了人格的力量，这是一项强大的软实力，生于内心而显露在外，通过信仰、品行、才华、智慧、气质等发散出磅礴的力量。这就要求高校思想政治理论课教师秉持职业操守、恪守职业道德、端正科研态度、遵守学术规范、锻造过硬本领，使青年学子不仅"亲其师，信其道"，还能"随其行"。

三、新时代思想政治理论课教师队伍建设和培养的途径

高校思想政治理论课教师队伍建设是一个长期、复杂、艰巨的系统工程。新时代对思想政治理论课越发重视，就为高校思想政治理论课教育创造了越来越多

的机遇，也带来了更多的挑战。为了更好地建设思想政治理论课教师队伍，各高校提出的政策和方法层出不穷。

（一）健全思想政治理论课教师专项培育机制

思想政治理论课教师要发挥立德树人的作用，自身也要不断进行培训和提高才能更好地跟上时代的步伐，才不至于用陈旧的观点和老派的教学方法进行授课，使学生丧失对思想政治理论课的兴趣。而对思想政治理论课教师的培育主要围绕两方面进行，即政治素养培养和业务能力培训。

1. 思想政治理论课教师政治素养培养

思想政治理论课的政治性至关重要，思想政治理论课的目标就是培养学生旗帜鲜明地讲政治。因此，思想政治理论课教师必须做到政治立场坚定、政治站位高，需要不断学习政治知识，丰富自身的政治素养。

首先，思想政治理论课教师要加强思想政治理论学习。政治素养的提升不是一蹴而就的，而是需要教师认真进行马克思主义及其中国化理论成果的深入学习。这就要求，思想政治理论课教师要读原著、学原理。不仅要学习马克思主义经典著作，还要学习习近平新时代中国特色社会主义思想，从根本上提升自己对马克思主义的认识和理解，从而提升政治素养。

其次，要在教学中提高政治素养。作为教师，教书育人是毕生的事业，在三尺讲台上畅谈马克思主义，并将之与国际国内时事热点、中国特色社会主义的发展进程、学生的成长经历结合起来，做到将信仰讲好、将理论说好、将中国故事传递好。这就要求思想政治理论课教师不仅要读原著，若"两耳不闻窗外事"地学习马克思主义，就违背了马克思主义的实践性。因此，我们必须将理论与现实结合起来以提升自身的政治素养。

最后，加强思想政治理论课教师的政治培训。任何职业不仅业务能力需要培训，思想政治也要进行不断的培训和教育。一方面，党和国家十分重视对思想政治理论课教师的政治培训；另一方面，高校思想政治理论课教师绝大多数为中共党员的现实情况也意味着要按照要求进行常规的理论学习，还需要在"学习强国"、新时代"e支部"等网络平台进行日常的学习与打卡。

2. 思想政治理论课教师业务能力培训

政治素养是衡量一位思想政治理论课教师是否合格的第一位标准，但也不能因此忽视了高校思想政治理论课教师的业务能力培训。无论是教学能力还是科研能力，都是一位高校思想政治理论课教师应当具备的业务能力，二者缺一不可，否则会影响教师生涯的持续发展。

一方面，提升教学能力。首先，打铁还需自身硬。思想政治理论课教师能够讲好课的基础是自身所具备的马克思主义理论专业知识的扎实。随着学科越发专业化和规范化，各高校均尽可能地为思想政治理论课教师队伍中吸纳专业博士毕业生，希望在整体上提升队伍教学质量。与此同时，面临着教师缺口和新入职教师角色转换的问题，成长、成熟也需要一定的时间。这就要求必须进行教学能力的培训，比如新入职教师课程观摩与展示。多听资深教师的课程，学习其教学方法、内容等对年轻教师大有裨益。再如参加国家、省级或市级组织的专业化培训，向国内知名学者、教授进行学习，补充最先进的理论知识。其次，实践是检验真理的唯一标准。给予年轻的思想政治理论课教师更多的锻炼机会，毕竟教学能力的提升绝不能停留在理论层面，更重要的是实践。一位教师的成长进步绝不是仅仅局限于听资深教师的授课，更要自己去讲课。在课堂中看学生的真实状态，在与学生交流的过程中获取最真实的反馈，面对学生的意见，做到有则改之，无则加勉。最后，学而不思则罔。在学习他人经验和锻炼自身讲课能力的同时一定要善于思考和总结。要经常思考自己学到了什么、有什么提高又有何不足，从而有针对性地改正自身在教学过程中存在的缺点。同时，学院可以组织召开座谈会，针对教学方法、课堂效果进行讨论，从而提高教师的教学能力。若每一位思想政治理论课教师均能以不断提高自身的教学能力为要求，以讲好课为目标，进行不断的培训与锻炼，高校思想政治理论课教师队伍的建设即能卓有成效。

另一方面，科研能力。高校教师作为高学历群体，不仅要履行教师授课的职责，同时还有进行科研的要求。高水准科研是提高思想政治理论课教学实效的重要一环，思想政治理论课教师科研应以问题为导向，研究教科书中理论的难点问题和实践启示，并探索和创新教学方法。同时，运用科研成果积极开展社会服务。首先，思想政治理论课教师要意识到，科研是要发现问题、分析问题和解决问题，因此要具有问题意识。今天，面临瞬息万变的国内外局势和世界百年未有之大变局，中国的马克思主义者应当熟悉世情、国情和党情，对任何继发或潜在的问题与危机做出判断并给予对应策略。其次，思想政治理论课教师进行研究的过程也要围绕专业教材进行难点的分析和实践研讨。教科书中重难点的判断会影响教师的授课成效，通过科研手段，逐个剖析重难点有利于深入浅出地为学生讲明白原理。最后，任何理论的真理性都需要实践进行检验，思想政治理论课教师所做的科学研究也不例外。只有将理论运用于实践才能发挥出理论的最大用处。在此基础之上，将理论成果运用于社会服务是发挥成果价值的最优选择。

（二）健全思想政治理论课教师队伍准入和退出机制

思想政治理论课教师的准入和退出是更替思想政治理论课教师队伍人员，使结构更加合理，更利于师资队伍建设的重要流程。

1. 健全思想政治理论课教师队伍准入机制

准入机制是高校思想政治理论课教师的把关机制，具有保证思想政治理论课教师队伍组成人员各项素质合格的作用。准入机制过松会导致成为思想政治理论课教师队伍一员的人可能不具备较高的政治素养和专业能力；准入机制过严又可能会影响思想政治理论课教师队伍进入的节奏，导致队伍人员结构产生问题。因此，健全思想政治理论课教师队伍准入机制至关重要。

第一，政治素养。思想政治理论课的政治性至关重要，这是由思想政治教育的目标决定的，思想政治理论课教师首先应该"政治过硬"。这就要求思想政治理论课教师准入中要严把政治关，甚至要将政治素养的考察摆在业务能力考察的前面。现在，思想政治理论课教师招聘时一般都会明确招聘对象为中共党员，也是为了最大限度地确定可能入职的人政治方向的正确性。

第二，专业能力。专业能力作为未来开展教学、科研工作的重要支撑不容忽视。教学能力突出的教师，在授课过程中可以将教科书融会贯通，教给学生最正确的理论知识，并能用各种教学方法实现寓教于乐，使思想政治理论课课堂摆脱无聊、沉闷的标签和不接地气的刻板印象。科研能力突出的教师，可以进行更多的科研工作，凭借扎实的学术功底和严谨的治学态度做出更多成果，创造更高价值。

第三，品性素质。思想政治理论课教师品性素质的高低是其是否能成为一位好教师的重要指标。只有对生活有热情、工作有激情的教师才能展现出积极向上的风貌，才能引领学生更加热爱生活、珍惜当下。不仅如此，一位有责任心的思想政治理论课教师自身所拥有的品质也能更好地对学生进行言传身教，对学生的品行修养的形成具有重要作用。

2. 健全思想政治理论课教师队伍退出机制

退出机制是思想政治理论课教师队伍建设的补救机制，发挥着觉察教师问题、及时进行补救的作用，并对改进后仍不符合思想政治理论课育人要求的教师进行转岗，对有重大问题的教师进行解聘。退出机制的设置对保障思想政治理论课教师队伍的素质具有重要意义。

一方面，退出机制的实行对思想政治理论课教师具有一定的督促作用。其一，明文出台的退出机制文件可以使教师明确知道，作为一名合格的思想政治理论课教师究竟应该在政治素养、专业能力和品性素质三方面达到什么样的标准，才能一直从事思想政治教学工作；其二，在这样明确的规定之下也会使教师更加重视自身的教学和科研情况，减少其至消除部分教师懈怠、渎职的情况。

另一方面，退出机制的作用不仅局限于教师，也涉及学生的培养。高校培养出来的人才能否适应国家的需求、符合人民的期待，关键在于其政治立场是否正确、是否坚定。而学生对政治立场的认知、理解和认同均来源于高校思想政治理论课教师的言传身教。因此，通过退出机制对教师政治性的考察可以剔除政治立场偏移的教师，避免对青年学生政治思想的形成产生消极影响。

（三）建立思想政治理论课教师专项考评机制

考评机制作用重大，各高校必须建立明确的考评机制并加以公开，使每一位思想政治理论课教师了解且理解，才能更好地有效贯彻，发挥考评机制的积极作用，从而为退出机制的运行保驾护航。

首先，贯彻落实政治观念"一票否决制"。思想政治理论课教师最重要的职责就是引领学生树立正确的政治观念。因此，在进行考评过程中要将思想政治理论课教师的政治立场、政治站位作为第一位衡量标准。无论是在课堂上还是在课下生活中，抑或是在网络平台上、学术成果中，思想政治理论课教师所发表的言论和观点必须做到与党和国家站在同一立场。绝对不能言行不一，或头脑混乱说出有违思想政治理论课教师定位和操守的言语。

其次，贯彻落实师德师风"一票否决制"。在日常工作之中，无时无刻不要求思想政治理论课教师必须秉持自身思想道德素质和为人师表的修养。在考评过程中，必须将师德师风放在重要位置，这意味着无论这位教师的教学水平多高、科研能力多强，只要在调查中发现有违背师德的情况出现，即为考评不合格，要将其剔除出思想政治理论课教师队伍。这样做即使会相对减少思想政治理论课教师队伍的成果，降低成绩，但对队伍建设和在长期发展的过程中保持良好的风气和氛围至关重要。

最后，思想政治理论课教师的专业水平也要定期进行考核。思想政治理论课教师归根结底依旧是人民教师，作为教师应当具备的专业素质和能力也是不可缺少的。只有高尚的品格和坚定的政治立场，缺少相应的学术功底和语言表达能力的教师的专业技能，难以通过课堂感染学生，同时也不利于教师职业的规划和发展。因此，对思想政治理论课教师的教学、科研能力的考评也是不可或缺的。不过，教师专业能力并不需要"一票否决"，而是可以"限期整改"。能力不足可以通过一系列培训和自身的努力迎头赶上，只要秉持坚定的理想信念、对马克思主义的热爱和对中国特色社会主义事业的执着追求，相信教师的专业能力提高指日可待。

参考文献

[1]沈壮海，罗永宽.新时代高校思想政治理论课建设研究（2022）[M].武汉：武汉大学出版社，2023.

[2]王旭东.新时代高校思想政治理论课教学研究[M].哈尔滨：哈尔滨工程大学出版社，2023.

[3]邢亮.新时代高校党建与思想政治教育浅论[M].北京：新华出版社，2023.

[4]崔玉娟.新时期高校思想政治教育教学与反思研究[M].长春：吉林大学出版社，2023.

[5]刘丽敏.高校思想政治理论课改革创新的理论与实践[M].北京：中国社会科学出版社，2023.

[6]李凌，谭亚丽.高校思想政治教育理论课教学改革研究[M].长春：吉林大学出版社，2023.

[7]王爱莲.高校思想政治理论课内涵式发展研究[M].北京：社会科学文献出版社，2023.

[8]陈钢.高校思想政治理论课实践教学实用教程[M].北京：高等教育出版社，2023.

[9]魏圆圆.新时代中华优秀传统文化融入高校思想政治理论课研究[M].南京：东南大学出版社，2023.

[10]赵善庆.新时代高校思想政治理论课改革创新的探索与实践[M].北京：九州出版社，2023.

[11]肖贵清.守正创新——新时代高校思想政治理论课教学研究[M].北京：人民出版社，2023.

[12]谷生然，张晓明.大学生思想政治教育研究（第六辑）[M].武汉：华中科技大学出版社，2023.

[13]李宗艳.基于互联网的现代高校思想政治教育工作创新研究[M].北京:中国民主法制出版社,2023.

[14]郝涛.新时代高校思想政治理论课教师能力建设研究[M].北京:北京华世优图文化发展有限公司,2022.

[15]徐建飞."金课"建设视域下高校思想政治理论课守正创新研究[M].北京:经济科学出版社,2022.

[16]马光焱,王晓光.新时代高校思想政治理论课改革与创新研究[M].长春:吉林大学出版社,2022.

[17]吴恒.新媒体时代的高校思想政治理论课教学改革与创新[M].天津:天津人民出版社,2022.

[18]张录平,付红梅.大学生思想政治理论课实践教程[M].沈阳:辽宁人民出版社,2022.

[19]钟媛媛.守正与创新:高校思想政治教育理论与实践[M].北京:中国传媒大学出版社,2022.

[20]王兆良.实践教学论高校思想政治理论课"实践教学全覆盖"研究[M].合肥:合肥工业大学出版社,2022.

[21]万娟.基于创新发展的高校思想政治教育研究[M].长春:吉林大学出版社,2022.

[22]谢波,孙玉.新时代背景下高校思想政治育人体系路径探索[M].长春:吉林大学出版社,2022.

[23]李维昌,盛美真.高校思想政治理论课实践教学教程[M].昆明:云南人民出版社,2022.

[24]任金晶.新时期高校思想政治理论课程理论与实践探索[M].长春:吉林大学出版社,2022.

[25]李明建.高校思想政治理论课实践教程[M].南京:南京大学出版社,2022.

[26]钟家全.互联网与新时代高校思想政治教育队伍建设[M].成都:西南交通大学出版社,2021.

[27]吕媛媛.新时代高校思想政治工作质量提升实际操作研究[M].北京：九州出版社，2021.

[28]李红，王谦.新时代高校实践育人理论与实践[M].镇江：江苏大学出版社，2021.

[29]刘仁三.新时代高校思想政治育人理论研究与实践探索[M].北京：中华工商联合出版社，2021.

[30]吴春莺.新时代高校思想政治理论课教师队伍建设研究[M].南京：江苏人民出版社，2020.

[31]吕小亮.新时代高校思想政治理论课教学改革探索[M].上海：上海大学出版社，2020.